深秋的树梢 Treetops in Late Autumn

深秋的树梢

Treetops in Late Autumn

范秀洁 著

AcerBooks

深秋的树梢（红枫散文丛书之三）
作者：范秀洁
封面摄影：子健
出版：Acer Books

书号：978-1-0692408-3-5

红枫散文丛书
主编：陶志健

Treetops in Late Autumn (Acer Essays Book 3)
Author: Fan Xiujie
Cover Photo: Zijian
Publisher: Acer Books

ISBN: 978-1-0692408-3-5

Acer Essays (Series)
Editor-in-Chief: Tao Zhijian

Acer Books Canada, International Humanities Publishers, Montreal, Canada
Email: acerbookscanada@gmail.com

目录

第二辑　走出去看看

第三辑　幼儿园趣闻

自序

移民加拿大，定居蒙特利尔数年后，我回国探望父母。侄女儿看着我们谈笑风生、其乐融融的场面，忍不住问道："大姑，我还以为你在外国生活了那么多年，已经不怎么说中文了呢。"孩子的话，戳到了我移民生活中语言运用的痛点和尴尬。

刚到蒙城时，我一句英语也不会说。为了谋生，我白天打工，下班后上夜校学英语，凭着一股不怕说错的傻劲，愣是拿到了瓦尼尔学院的幼教证书，并说着一口不太标准，甚至是半中式的英语，顺利地找到了一份幼师工作。

这是一所私立幼儿园，工作时段不包括备课时间。我在家里实在没空备课时，第二天只好一边给孩子们念故事，一边翻着词典查生词。每当这时，我都会歉意地对小朋友们说："Oh, there is a new word I don't know. Please wait a moment and let me look it up in Lili's dictionary."。没料到班上的小朋友自然而然地有样学样，在自由活动时间，有一个小女孩假装自己是Lili，招呼三五个伙伴围着她席地而坐，听她讲故事。她翻开手里拿着的一本书，刚讲了一句"从前，森林里来了一只"就随口说："有一个我不认识的生词。请等一下，让我查看丽丽的词典。"这一幕把我看得哭笑不得。

对我来说，英语生词就像一张巨大的天罗地网压在我身上，呆在网子里无论我怎样努力，都无法冲破这张网，只能半清楚半糊涂地生活其中。不要说用英文写作，就连听新闻转述新闻都挺困难。我无可奈何地落入蒙城“文盲”的行列里。

汉语是我的母语，我理所当然地认为自己在听说读写上不会有任何问题。然而，随着在蒙特利尔定居的时间越来越长，我的汉语也受到了英法语的干扰，变得不伦不类，常常词不达意，更跟不上国内新词汇和流行语的步伐。我成了“非文盲”中的“新词汇盲”。

正当我迷失在云雾中痛苦挣扎不知自己的归属时，一句网络语言点醒了我：快乐都是字找的。于是，我开始试着用一撇一捺的方块汉字，记录移居生活中的点滴小事，感受到快乐是字找的。写作的快乐，来自艰难的生活经历，人生有了苦痛垫底，有一点点顺境都会感到快乐无比。

字找的快乐，是属于自己的快乐。我知道自己的文字功底比较差，行文难免力道不足。一个人有一个人的局限，一代人有一代人的活法，我用自己有限的写作能力，记录移居生活的片段，为自己留下酸甜苦辣的记忆，比如《瘟疫下的圣诞节》。或许，这些记录也能为他人了解蒙城生活提供一个视角，和一点信息。

通过写作，我找到了属于自己的语言归属感。无论是英语的困境，还是汉语的疏离，都在字里行间得到了释放与和解。

2025年2月6日于蒙特利尔

第一辑

蒙城的日子

又见蒲公英

花草，对于像我这样在黄土高原上生长的女孩儿来说，可谓稀罕之物，别说自小没见过什么名贵的花卉，就连野花也没见过几种。十七岁那年，离开故乡到北京独自生活的第一个春天，我就直奔北京植物园，赏奇花观异草，填充缺失的养花弄草与绿色相依。

蒲公英，对于生长在繁花密草地区的人来说，可算不上什么稀奇之花，而我，只是在图片上见过，吸引眼球的是那呈球状毛茸茸的花冠，对于花的颜色和样子，全然没有在脑海里留下什么印象。

第一次亲眼看到漫山遍野闪着金黄色光的蒲公英花，竟然是出国后在蒙特利尔的皇家山公园里，那年我年届三十。

我们租的房屋离皇家山只有一街之隔。头一年初春，一个周末早晨，阳光灿烂，我们走进公园，山脚下那一望无际的黄花，就跃入眼帘：那花耀眼夺目，美得纯粹，美得动人，让我联想到欧洲乡野油画的景象。

却待我要问丈夫那是什么花时，他告诉我，那是一种野花，它有一个耐人寻味的名字——蒲公英。哦，原来我从图片上看到的那毛茸茸球状物，只是花谢之后所结的果实，而这金灿灿的黄花，才是蒲公英的花朵。

这花朵，好像一夜之间从天而降，不需要人工刻意栽培，不挑土壤贫瘠或肥沃，在其他的花卉还没发芽之时，就借着春风春雨遍地开花，并以迅雷不及掩耳之势，结成毛茸茸球状，风一吹，毛茸四处飘撒，飘撒的不是毛茸，而是蒲公英花的种子，它落地就生根，展现出极强的生命力。

就是这种野生野长的花，在蒙城居民区自家前后院的草坪里，竟然成了房主们人人谈色生厌的“杂草”。我刚沉浸在初见蒲公英的喜悦里，对这种情绪大惑不解，甚至多情地对朋友说：有朝一日能拥有一幢带前后院的房子，我就任由蒲公英自由生长。

话音刚落，拥有自己房子的愿望真的实现了。前房主的女主人是一位雍容大雅的法裔女士，法国人的精致生活，从她对前庭后院的花坛草木设计中，体现得头头是道。我自幼没沾过花花草草，有前任铺垫的大好基础，只管接手现成的种栽植物，等着来年春天好好赏花赏草。

再见蒲公英，是在我家的草坪上。

买了房子后的头一个春天，当空气中刚刚露出一点暖意，就看见自家前院的草坪上已然飘来几棵蒲公英，黄黄的花朵，星星点点，在早春的阳光照耀下越发显得生机勃勃。

一个周六的早晨，正当我站在草坪前观赏蒲公英花时，邻居手拎除草铲从车库出来，准备到她院子里清除杂草。我跟她打过招呼后，指着黄花兴冲冲地说：“你看，这蒲公英花多美呀。”这位英裔高中数学老师，友善地冲我点点头，然后用给学生讲课的口吻说：“你知道吗？蒲公英是杂草，如果你不及时铲除，它就会蔓延，将你的草坪破坏掉，趁它还没有结子儿，抽空把它铲掉吧。”我不以为然地笑笑，她面带疑虑，忙着干活去了。

看着邻居一丝不苟地铲除蒲公英，我心里暗暗为它鸣不平，心说把这么好看的花从花园里铲掉，这不是整个儿一个暴轸天物嘛！我带着心里的承诺，一任蒲公英在自家前后院的草坪上自由生长。

直到有一天，朋友来家里喝茶，进得门来就把我一通数落：你们街区就你家的草坪惨不忍睹，人家前房主设计这么好的花坛和绿地，全让这蒲公英给毁了，你小心邻居联合起来告你个渎职罪。什么什么，渎职罪？我让她给说糊涂了。原来房主有责任打理自家的草坪，不能任蒲公英泛滥成灾，影响整个街区草坪的质量。

那幅黄花漫山遍野衬托乡野美景的油画，和我初见蒲公英时喜悦的心情，一下子就被这约定俗成的草坪规范给打蔫儿了。

从此，我不得不视蒲公英为敌，并开始了夜以继日地铲除蒲公英的战斗。怎么也想不到，那毛茸茸上结的比小米粒儿还小的种子，竟然能把根深深地扎在泥土里，根长可达30厘米，有的根从中间分开呈倒Y型，不用专门的工具来铲除其根，断在泥里的根来年还会开花结果。而且它一旦发芽，就像八爪鱼一样，叶子贴地伸展，四面八方开花结果。只不过那金灿灿的黄花，在我眼里成了挑战神经的符号。年复一年，我竟然忘记了蒲公英作为植物的生存权利。

两年前的秋季，我们搬迁新居。前房主的女主人是一位藏族少妇，藏族人粗犷的生活秉性，造就了她前庭后院的绿地上，只有蒲公英。我连连暗自叫苦，心想只好待来年开春后收拾残局。

春暖花开时，约了三五好友来家中小聚，她们看到我家后院长势喜人的蒲公英，立刻迫不及待地要挖蒲公英带回去吃。朋友说它浑身都是宝，教我要改变观念，化敌为友，享用自然植物。

又见蒲公英，它的叶子，成了都市那些讲究养生人家的桌上菜肴，根茎，成了讲究养生人家茶杯里泡茶喝的饮料。

而我，对蒲公英充满了感慨。

它让我想起，我们的双胞胎女儿刚来蒙城认识蒲公英的情景：她们手捧一只球状毛茸，轻轻一吹，蒲公英的种子随风飘向四方，她们的爸爸抓拍了这一瞬间，给照片起名——“吹撒了一朵蒲公英”。

蒲公英，本来就是天生天养的植物，它坦然地生长在天涯海角，不畏严寒，不惧风暴，随性又坚韧。旷野里，它是珍贵的黄珍珠，都市里，它成了令人生厌的“野花”。地点改变了它的性质，却改变不了它本来的面目。我的女儿，随我们移民到蒙城，从她们吹撒蒲公英球上密密麻麻种子的那一刻，就如同把她们生命的种子撒在了这方土地上，她们像蒲公英一样纯粹，随性又坚韧。

又见蒲公英，我不再为它写诗作画，不再为它纠结烦恼。

三月

三月，对于蒙城人来说，它着实处在一个尴尬的季节里。北方时令上，三月被划作春季，而地处寒温带的蒙城，却还会遭遇狂风暴雪的袭击。

大多数蒙城人，都对蒙城三月里降的雪，报有不公平的态度和评价。

同样是暴风雪，它下在一二月，就属理所应当，甚至在这两个月里，如果不降几场狂风暴雪，那就不叫冬天。

可是，到了三月，还降暴风雪，就被已经忍受了一冬天冰雪的蒙城人，视为忍无可忍的灾害，和令人厌烦的景象。

2017 年 3 月 14 日，一夜积雪达五十多厘米的罕见大雪，袭击了蒙城，迫使学校在第二天停课一天，诸多商店关门歇业。这就更让那些对三月雪持有成见的蒙城人有了说道：真是受够了！眼看着春天就要来了，这雪不知道见好就收，还没完没了地下。这是冬末最后的疯狂，也是兔子的尾巴长不了啦！

在众人的抱怨声里，蒙城三月雪，下了一场又一场。

蒙城三月雪，是不讲情面的，似乎总是在蒙城人准备欢庆 St-Patrick’s Day 的时候，给你劈头盖脸地降一场暴风雪，考验着蒙城人抗严寒、盼春天的耐心。这雪充满了哲理，它是用这暴风雪告诉蒙城人，拱手送给你一个快捷的春天，你就不会珍惜，少了喜悦。

与蒙城人生活有着切肤之痛的三月雪，大有残雪恋东部，飞舞到蒙城之势。在滑雪爱好者狂晒山顶滑道的雪况，和优美滑雪姿势的照片时，我看到街道上雪地里抛锚的汽车，和电视里雪压电缆阻断送电的报道，对这暴雪带来的灾难深恶痛绝，合着深一脚浅一脚赶车上班的人群，抱怨这下过头的雪，感受着它的威力和气势。

蒙城三月雪，是千变万化的，除了猝不及防的暴风雪，轻柔又粘稠的雪，能在刹那间似琼花开满枝头，令人感到如梦如幻，如痴如醉，仿佛整个人身心都溶化在了三月雪里，忍了它带来的痛苦，赞美它带来的仙境。

蒙城三月雪，就在这时而疯狂，时而温柔，时而刺骨，时而撩人的节奏中，拽着你走向通往春天的路，一步一回头地对雪多了几许眷恋，添了几多烦恼。想到刚刚踏春就一跃而入夏的炎热，我竟然会情不自禁地想抓紧时间，享受这春雪扑面的清凉，一改冬天为躲避风雪乘地铁上班的习惯，宁愿从公交车总站步行到工作地点，被雪打湿面颊，打湿羽绒服。

蒙城三月雪，是非常戏剧性的。一夜狂降几十厘米的雪，在春阳的照射下，几天就消得残迹斑斑，不知雪滋味。而雪水滋润的那片冻土下，正蠢蠢欲动着绿色的生机，那是春天的象征。一场春雪一场暖，每片雪花都带着希望。

三月的蒙城处处都充满对春天的希望，不仅在绿色的草地和树木的枝头上，更在蒙城人的心里。

狂风暴雪过后，下了一场小雪，那天，我们几个幼教老师坐在备课室里聊雪。同事中有祖辈就定居魁省地道的法裔魁北克人，有移居蒙城二十多年的牙买加人，有已经定居蒙城第三代的意大利人，也有刚移居蒙城几年的罗马尼亚人。大家对三月雪众口一词：永远不习惯，厌烦多于喜爱，但它总是带来春天的希望。

一位英裔同事突然问我：“Lili, what is your wish for

March?”。我刚要回答，她立刻用手示意我别说出来，并说：“When you see something in your locker, that's my wish for you. I wish your wish come true.”。下班时，我惊喜地发现一枝红色的玫瑰花贴在我储存柜的门上。

雪还在下，为防止雪打玫瑰花，我用保鲜膜裹住了花束，双手捧着鲜花，胸中涌动着春天的气息，走出了幼儿园的大门。

刚走几步，手中的花就沾满了白色的雪片儿，红色的玫瑰透过白雪，在这漫天飞舞的白色世界里，格外艳丽夺目。它不是二月情人节满城跳跃的红玫瑰，它是三月蒙城人盼望春天的标记。

就这样，我带着同事美好的祝愿，捧着希望，行走在蒙城三月的飞雪中。

MISQA 之夜

夏日晚风吹散了涌向麦吉尔大学 Pollack Concert Hall 男人女人的头发，我们和两位音乐界的朋友，随着那些飘动的发丝，踏上了 PCH 音乐剧场的台阶。

一走进剧场大门，投影在舞台正中央隔音屏风上的 MISQA 会徽，立刻像一块磁铁一样，把我的眼球紧紧地吸在了它超群绝伦的画面上。

一把白色提琴弓子横在大红正方形正中间，它没有顶到头，只占画面的三分之二，有弓根没有弓尖，留白处引人遐想。这把弓子简洁地点出弦乐的主题，却又看不到弓尖，寓意深长地把听众引向了超越弦乐四重奏之声的远方。

待我们坐定，剧场的灯光渐暗，舞台上的灯光亮起，侧门打开，由大提琴手、中提琴手、第一小提琴手，和第二小提琴手组成的四人弦乐队走向舞台时，掌声从听众席里响起来，热烈的掌声回荡在音乐厅的四面八方。

参加 2019 年 MISQA 之夜首场演出的，是太平洋弦乐四重奏组合。

这个弦乐四重奏组合，由三名男乐手和一名女乐手组成。男乐手们都身着一身黑色西装，女乐手穿一条盖住脚面的飘逸黑色长裙，上身配一件浅蓝底色，印着深蓝不规则线条的柔沙蝙蝠衫。这两道蓝色给醒目的红白黑色调里，添上了淡淡的一抹优雅和深邃。

在她把弓子架在琴弦上示意乐起的一瞬间，琴声顺着四人运弓，弓子在四根弦上跳动，黑色的音符突然有了一腔热血，流进了听众的耳朵。

蝙蝠衫随着第一小提琴女乐手拉动弓子的手臂一张一合，似飞舞的大鸟在音乐的空中飞翔。她全身心投入地拉琴，乐曲雄浑高亢时，她几乎甩着弓子从琴座上站立起来，乐曲挣扎痛苦时，她蜷缩着身体，连双脚都离开了地面，悬在座椅边颤栗，乐曲切切悲伤时，她抽泣着弓子，掩面倾斜肌肉抽搐，乐曲抒情时，她一会儿前倾，一会儿后仰，眼睛里充满了柔情。

我坐在第四排这么近距离的听弦乐四重奏，已经不是第一次了，可是看小提琴手手脚并用地演奏乐曲，还是第一次。她恰如其分的动作，让我感受到每一个音符下，都埋藏着曲作者坚韧而柔美的心。

乐曲随着她的舞动，仿佛将她跟音乐融为一体。她的激情演奏深深地感染了我，我跟着她的弓弦，如身临其境地呼吸着她的呼吸，喜悦着她的喜悦，悲伤着她的悲伤。

一段小提琴独奏高音拉到极点发出又尖又细的声音，让观众觉得把心脏都要提到了嗓子眼儿时，大提琴低沉浑厚、中提琴温润平和的乐声响起，特别是大提琴手倾情拉动弓子致使一根弓毛从弓的上端脱落，他每挥动一下弓子，都像挥动马鞭，指挥着千军万马扬蹄，大地发出了结结实实接着地气的隆隆轰鸣声，高音缓缓地随着和声重奏一个新的乐章。

在剧场休息时，我情不自禁地对两位朋友说出了我的感受，他们也兴奋地以音乐行家对音符特有的敏感，高度评价了这组弦乐四重奏组合的演奏。其中一位说：有一组乐曲里加了不和谐音，却被乐手演奏得与整首曲子浑然一体。他的表述，把我的思绪带到了剧场之外，带到了我梦绕魂牵的黄土地。

记不清是在哪篇短文里读到有关眼下中国的现象：一面是

科技的迅速发展，四处高楼林立，一面是高楼背后流离失所无家可归的人群，就好像在一个大舞台上同时上演着喜剧和悲剧。

把乐曲跟这种现实联系一下，感觉就好像是在进行曲里，出现了一些散乱节拍，而乐曲却仍然一小节一小节地向前行进。

作曲家大多是对生活有高度的敏感，和强烈的感受，才借助音符来表达他们内心深处的情感，震撼人心。小说家大多是对生活有敏锐的洞察力，和精神的体验，才借助文字来表达他们内心深处的思索，直捣人心。音乐世界里，只有童话乐曲的结尾是永远快乐，现实社会中，永远是同时上演着喜剧和悲剧。

听众席里爆发出雷鸣般的掌声，把我的思绪拉回了剧场。精彩的弦乐四重奏演出结束了，掌声经久不息，随着他们一次次的谢幕，掌声才渐渐消失。我们沉浸在乐曲里，怀着激动的心情走出音乐厅，眼前是灯火辉煌的街道，和川流不息的车灯。我突然想起白天途径圣凯瑟琳大街时，看见一缕阳光照在一个乞丐身上，听到他仰头高喊：“上帝，救救我，求你救救我！”他的声音在繁华的商业大街上，如同一首乐曲里的不和谐音符。

MISQA之夜，台上演奏的是弦乐四重奏乐曲。女乐手蝙蝠衫上那些不规则的线条，随着她挥动的手臂，时而清晰，时而模糊，就像海洋时而宁静，时而惊涛骇浪；乐曲有时强、有时弱、有时欢快、有时悲伤，音符诠释的是人间的悲喜剧，在同一首乐曲里，在同一片天空下。

【MISQA简介】MISQA，是 McGill International String Quartet Academy 的词首缩略。麦吉尔国际弦乐四重奏学院创

始于 2010 年。作为一个培训机构，MISQA 组织和制作音乐会，旨在通过邀请弦乐四重奏最重要的实践者，与世界上一些最有前途的年轻四重奏组合，分享他们的经验，来弘扬弦乐四重奏的传统。它的公共服务使命，以及与不同合作伙伴的关系，使其在音乐世界中具有特定的特征。

那个清香的早晨

夏天去河畔公园野餐、看日落，是我们夫妻常做的户外活动。每次从停车场经过站立在河边作为社区活动中心那幢古旧的房屋，都是一晃而过，从没留意其门前花坛两旁，各有一棵茉莉树，依花坛的长椅前围着半圈儿月季花丛。吸引我们眼目的，是河对岸变换无穷的晚霞，和落日余辉的绚烂。

今年夏至刚过，我丈夫突发奇想，唤我在周六的清晨去公园赏晨光。

公园里，除了一个少年在荡秋千，只有我俩并肩而行。沿着平时的路线缓步四顾，被一股淡淡的茉莉花香引向了花坛。驻足，原来花香飘自开满白色茉莉花朵的两株小树，我们不约而同地坐在小树旁边的长椅上，却待静心被茉莉花香熏绕，面前的月季花丛也随风送来了沁人心脾的清香。

淡淡的花香，淹没在平日急匆匆的脚步里，以至于我们屡屡途经花坛都不闻其香，即便有微弱的香气飘过，也是在说笑声里一带而过。

今晨，我们沐浴在柔和的阳光下，静静地坐在长椅上，轻轻地呼吸着纯天然的花香，任其流淌在身体里舒筋活血，静思冥想，脑海里渐渐理出了头绪。清香，是酸甜苦辣日子里的精神调味品，是繁忙工作的间隙里飘荡的精神氧气。

在这清香缭绕的时刻，外祖母的形象映入我的眼帘：身穿手缝月白斜襟布衫，梳着盘头发髻，一个斗大的字不识仨的旧式妇女，用她朴实无华的语言，道出了人生在世，需要一点儿高于柴米油盐的品相。

当她看到我们在停课闹革命的大潮里，整天不是去防空洞玩儿捉迷藏，就是在家门口弹玻璃球时，外祖母用晋南话对我们说：你娃地撒吃喝停当喽，看（nia）一下（ha）书，这居舍不净是吃喝，还有一撒（一堆）书哩。（你们这些孩子吃喝好喽，看一下书，这居住的房舍里不光有吃的喝的，还有一推书呢。）

正在上小学的我，在外祖母的督促下，捧着有限的可读书籍，开始过上了一种除了吃喝之外的阅读生活。

书页发出的油墨香气，慢慢渗入我的心扉，视线从学工学农的飞尘里，移向了陌生又遥远的地方。

移居蒙城，在粗茶淡饭之余，时不时捧起一本书，为自己增加一点儿油墨的香气，平淡的日子就有了滋味儿。

许多大作家都声称自己是讲故事的人。生活中每天都发生着形形色色的故事，会讲的和想讲的人比比皆是，唯有心静的人，才能体会故事背后的辛酸苦辣，才能提笔写下旷世之作警醒世人。快节奏的日子里，唯有心静的人，才能品茶、品酒、闻花香、听鸟鸣；才能激活深埋在心底的那根经络，按一下就活血化淤。

《警世贤文》有名句：梅花香自苦寒来。梅花的冰肌玉骨，凌寒留香，是独一无二，惊艳又傲然的，而茉莉花和月季花发出的香气，是淡淡的、幽远的。在经历蒙城冬季极寒天气后，花朵不声不响地如期开放在圣劳伦斯河边，只有心静的人，才能充分赏其色彩，闻其清香。无论是纯净无暇的白玫花瓣，还是傲骨迎寒的红梅花蕊，都在花开花落时节泰然处之，这正是心静之人在修行道路上所展现的境界。

定居蒙城近三十年里，搬家数次。每每入住新居，买花弄盆栽，成了我生活的一部分。并不是每一盆花都散发香气，但我依然精心伺弄，养花养心，每一盆花，都是我的精神氧气。夏天在花园里种花弄草，种的是精神种子，浇灌它生根开花结果。并不是每一株花都是奇花异卉，只要它开出自己的本色，就令人赏心悦目。种花养花的心是静的，花朵让我暂离苟且，追寻远方的诗和梦想，闻到从油盐酱醋之外飘来的一股清香。

公园里芬芳馥郁，那个早晨，清香扑鼻，我的心性也随之得到了滋养。

裹着雾凇的河畔

一夜之间，树上裹满了雾凇。刚入冬时，我看到被西北风吹得左右摇晃的光秃秃的树枝，不免心生寒意。谁料想，隆冬的河水从河面蒸发，在空中形成水雾，狂风就像蘸着雾滴的画笔，给枯干的树枝画上了冬的衣裳，最美的一件，就是雾凇。它裹满树的枝枝杈杈，宛若形状各异的水晶，放射出异彩，冷艳又迷人。

开车至公园的停车场，推开小轿车的车门，我们的双脚踏在了被冰层覆盖的雪地上，每走一步，冰面就被踩裂，发出咔嚓咔嚓的声响。我止步眺望河畔，白茫茫一片冰雪，雾凇紧裹着裸露在户外的一切物体，要想靠近沿河的树木，只有越过冰雪，才能观赏到动人心弦的冰花，和老百姓口中的雪柳。

伴着脚下冰面的破裂声，联想到我们去魁北克冰雪节，乘坐破冰船行进在冰河里的情景：乘风破冰，船上的人载歌载舞，满满一船的热情破开了坚硬的冰块，温暖了寒冷的天空。我们夫妻携手并肩踩踏冰雪，内心燃烧着冬天的火炬，脚下跳出冰上的舞蹈，每一脚踩下去都冰裂如雷充满了力量。

快走到河岸时，夏季下船通道两旁的大树，倾斜着的树梢几乎连在一起，似琼枝玉树作穹顶，我旋转着仰望那晶莹的枝条，如梦如幻般醉倒在雾凇的奇观里。

躺在雪地上，侧头看通道两旁堆砌的岩石，雾凇像泼洒在石头上的冰画，随着石头的纹路，或厚或薄，或潇洒或羞涩。顺光看去，黑色凸凹的岩石上罩着薄薄的雾淞，如轻纱曼舞，如蜘蛛网起伏；那被打磨光滑的岩石壁上，齐刷刷地排列着一串串冰珠，密密麻麻地贴在岩壁上，我忍不住站起身来，用手去抓那冰串儿，它们纹丝不动，展示着难得的天然装饰。

我抽回手臂，一扭头，眼前的松树竟一改单调的绿色，变幻出松枝的冰花，松针的挂串儿，和松树干的玲珑剔透。往日的松枝，没有冰的垂压，松松散散地呆在松树上，在这严冬时节，水雾遇冷气结成水粒子从天空慢慢降下被速冻在松枝上，它立刻就绽放出如同秋菊的松花，一大朵一大朵争相竞放，吐露着它的真性情；松针上沾满了一颗一颗的冰珠，如藏在蚌壳里的珍珠，适时滚成一簇簇，任赏识它的人们发出赞叹的声音；干裂的松树树干被雾淞裹得滋滋润润，笑得前仰后合舍不得抿住双唇。

细看公园里那矮灯柱边缘挂着的一条条冰垂，似燃了一整夜落下的蜡烛泪，多了几分温暖，添了几分伤悲。

顺着人行道环顾四周，那两排画展架上昔日被淹没在花红柳绿里的风光照片，在白皑皑冰雪的映衬下，发出耀眼的光芒，艳丽而夺人眼目：大幅粉红色琼花的照片，每一片花瓣里都抖着娇艳，像燃烧在白云里的粉霞；绿草鲜花上一只硕大的花蝴蝶，扑闪着翅膀，两只触角清晰地跃然花朵上，让冬天的公园有了生命的鲜活；浓浓的七彩毛线拧成的线纽，似天上的彩虹落入了冰雪，有了太阳的光彩。一幅幅彩色照片，有裹着雾淞的大树开道，形成了独特的开放画廊，照片来自天地的灵气，又融入天地的灵气里，唱着一首无言的歌。

忽然，远处传来一串儿清脆的笑声，寻声望去，看见七八个少男少女在公园休整的滑冰跑道上，边滑边笑，你追我赶地飞奔向未知的远方。有一条红色的长围巾，在一个少女的肩上如起舞的红绸，随风飘扬。

裹着雾凇的河畔，水晶一样的世界，童话般的梦境，美得让人产生虚幻之感，踏进了千年的传说……因着这些少年的笑声，把我们拉回到人间，有了真实的跃动，和寒冬里欣赏冰雪、雾凇的心情。

没有雾凇的冬季，便少了一道风景，缺了诗歌和遐想。

湖边望明月

中秋节那天的傍晚，我们一道去 Chambly 湖赏月。驱车前往湖边的路上，我不禁心想：今年农历八月十五的圆月，跟古代历年农历八月十五的圆月是同一个月亮吗？

张九龄笔下描写“海上生明月”的景像时，是偶遇月亮，瞥一眼激情四溢，浮想联翩？还是刻意等待月亮升起的时刻？即便刻意，他也一定无法想象，像我们今天这样，用科技手段，预先在网络上查好月亮在 Chambly 湖升起的时间，赶时赶点去赏十五的月亮。

赶到预定的地点时，天边夕阳映照，湖周围的景物被染成了金红色，湖对岸一片茂密的树林将水天隔开，使我无法看到湖上生明月的一刻。我正心生疑虑，只听得丈夫喊道：看，月亮爬上了树梢。顺着他指点的方向望去，在天光大亮的背景中，我看到一轮隐隐约约白色的圆月冉冉升起。此刻，如果不留意，我不会看到月亮的身影，只能感受到落日余辉的晃耀。

随着日月交替，天色渐暗，月亮开始一点点泛光。由浅银色，过渡到浅黄色，逐渐呈透亮的黄色，一时间明月当空照，湖面一片波光粼粼。

粼粼的波光里，有一艘小船漂荡在月色下，一幅如诗如画的景象，柔化了我的心情，勾起了我每逢佳节倍思亲的心绪。

在黄土高原生活了近三十年的我，从未有过中秋节时分和家人在水边赏月亮的体验。每逢八月十五与亲人围坐在圆桌旁吃月饼，然后站在阳台上望月亮，定格在我出国后中秋节思亲的记忆里。

如今我们定居加拿大已二十六个年头，每逢中秋节，无论是住在市中心的高层公寓楼里，站在阳台上赏月；还是搬迁大河边的半独立屋，在河边的公园里仰望中秋月；无论是站在皇家山顶上眺望圆月；还是在野营的帐篷旁凝望圆月；无论是我们和女儿在前院围坐圆桌吃月饼观月，还是像今晚约三五好友在湖边私家草坪的餐桌上野餐品月饼赏月，都始终忘不了，在故乡，与父母和兄弟姐妹，在自家的阳台上赏中秋月的情景。

在海外，漂泊的不是生活，而是心灵深处无法割舍的亲情，和骨子里的黄土高坡情。

故人和今人，在中秋节观赏圆月，或无意间瞥一眼月亮，寄托的都是一种情怀，是团圆的象征，是一点点用文化煨出来的又酥又软的思念味道。

湖边望明月，望的是故乡，望的是亲人，我年迈的父母，我步入中年的兄弟姐妹，我望着月神为全家人祈祷祝福，祝愿亲人身体健康！平安吉祥！

湖边望明月，望的是此乡，望的是亲朋好友，我的丈夫我的女儿，我关爱如兄弟姐妹般的挚友，我望着月神为大家祈祷祝福，祝愿各位身体健康！诸事顺意！

发达的科技，可以改变人类的生活环境，古代的月亮和今日的月亮，从始至今都是同一个月亮，生生世世都都无法改变，它与太阳同辉，与宇宙天体共生存，永住大地儿女跳动的心房。

暴风雪的清晨

White Christmas 是蒙城人心底永久的期盼。今年圣诞节前夕，雪花飘飘洒洒如期而至，给以鲜艳夺目的红色绿色为主题的彩灯和装点，披上了银装，把整个城市都罩在了白雪的帷幔里，使寒冷的冬季多了几分温柔，让节日浓浓的气氛多了几许晶莹剔透。

然而，就在人们刚刚享受了裹着白雪的圣诞节，还没来得及仔细回味那节日里一个个充满安详温馨的场面时，2012 年 12 月 27 日，一场创纪录（当日降雪量达 45 厘米）的暴雪袭击了蒙城。

按照惯例，冬季一旦有暴风雪，蒙城所有的中小学和幼儿园都会依据天气状况适当放假，可这个 12 月 27 号偏偏在寒假，市教育委员会不会通过电台发布当天停课的通知，而我所供职的幼儿园又处在少有的节日前后开门的状态。没接到园长告知今天停工的电话，（在幼儿园工作了十几年从来没有在下暴风雪时上过班）我不得不一大早赶着去上班。终于有机会领略了这个蒙城暴风雪的清晨。

被肆虐的狂风暴雪侵袭了将近一夜的蒙城，早已被暴雪压得喘不过气来，大雪封锁了道路和桥梁，也封锁了宅门和台阶。我一拉开房门，堆积在门口的雪就着风势直往家里窜，抬眼望去，风雪弥漫，雪天一色，平日里那些明亮的街灯，和霸气十足的车场照明灯，都在疾风骤雪中隐隐绰绰，像遥远天空中零散的星星。我拥着大衣里残留的一点热气，顶寒风冒暴雪走向公交车站。

狂风夹带着雪粒噼噼啪啪打在我的脸上，使我无法睁开眼睛，只觉得脚下无法挪步，我眯起眼睛一看，这座号称拥有世界上最先进除雪设备的城市，在这场罕见的暴风雪面前乱了方寸：大街小巷完全被雪覆盖着，就连那繁忙的 Taschereau 大街，也来不及在清晨 6 点 30 分时被城市除雪队清扫一夜的积雪，开辟出一条车道。茫茫雪原分不出车道和人行道，厚厚的积雪上只有车辙勉强压过的印记，尽管所有的汽车都换上了冬季胎，但在这种路况下还是无法正常运行，许多车辆的车轮都在积雪里打空转，发出挣扎的呻吟，还看到雪地里有抛锚的车闪着紧急灯光，暴风雪使蒙城几乎陷入半瘫痪状态。

如此恶劣的天气，公交车依然发车为市民提供交通服务。当我奋力在逆风的推搡下走出我们住宅区的街口，远远看到那一闪一闪公交车的车灯，和被龙卷风雪卷得像被抽打的陀螺般旋转的行人时，我的泪水和着雪水哗哗地流满了我的面颊，感动蒙城这暴风雪的清晨：

无论是蒙城人的祖先还是一代代移居蒙城的移民，他们选择了这块位于北纬 45 度的北美寒温带作为自己的家园，辛勤地开垦着这片土地；他们明明知道此地带冬季有多么的漫长并时有暴风雪的袭击，却依然唱着生命的赞歌繁衍后代，昂头挺胸与风雪共舞与寒冷作伴；那些比平时早起一个多小时赶到公交公司按时发车的公交司机、医护人员和各行各业的工作者不畏狂暴风雪去上班，他们此刻的心情已经全然不单纯是为了挣钱，也不仅仅是怀揣职业道德和敬业的信念。他们个个都坚守着人类的底线，人类最基本的生存原则和信誉，坚守着自己的尊严和这座城市的傲然挺立。

依然是我平时上班的必经之路，St-George 教堂的钟还是不急不慌每到15分就敲响一次响彻云霄的钟声，伴着暴风雪教蒙城人做人：公交车司机看到疾步赶车的人就会停车等候、各种车辆只要看到远处有行人，早早就会刹闸放慢车速、在没有清扫的人行道上行走就像在沙堆上挪步，深一脚浅一脚半天走不出几步，但只要看到对面来人，都会主动往深雪堆边踏上一只脚，为对方让路。虽然城市的动作缓慢，就好像是在放一部慢速电影，但一切都在人们的坚持下有条不紊地进行着。

在严酷的大自然面前，生活在寒带的人类具备了一种像企鹅一样的抗寒本能，暴风雪让蒙城人抱成一团，寒冷中公共汽车上人们的一声“您这是去上班吧，下车后走路要当心。”的问候，顿时让我觉得大伙背靠背取暖驱寒，真的是暖心暖肺。蒙城人天生就和白雪融为了一体，孩子们一见到雪就欣喜若狂地翻滚在雪地上啃雪团儿嚼雪粒儿，让人分不清是雪人儿还是真人。每当暴风雪来临之时我都会想起多年前的一位英裔邻居，即使在暴风雪之际不需要为了工作而出门，他也要穿戴妥帖站在风雪中观赏铺天盖地的大雪，并发出由衷地赞叹：“好大雪！”这就是蒙城人，这就是居住着来自全世界80多个国家和地区人民的蒙城，我的家园，你让我经历了一个怎样的蒙城暴风雪的清晨！

2013年的钟声就要敲响了，我深深祝福蒙城人新年依旧能够如期迎接一个White Christmas，祝福蒙城人平安度过一场又一场暴风雪的清晨。

画还是那幅画

生活在蒙特利尔的人，或多或少地都会与艺术沾上一点儿边儿。我看到沉浸式梵高艺术展这一词条，就是文艺群里的朋友在开幕展上发来的醒目信息。

看到这条信息，我脑子里的第一个反应是“何为沉浸式画展？”我那满头白发的老伴儿笑着对我说，亲临展馆不就一目了然了吗！于是我们立刻决定去参观这一新概念的画展。

驱车前往展览馆的路上，我发现老伴儿一改我们惯常开车去蒙特利尔美术馆的路，他沿着 GPS 指定的路线七拐八拐地来到了一座看似厂房的建筑前，正当我心起疑惑时，梵高那张著名的向日葵画广告映入了我的眼帘，我们沿着展厅入口的指示箭头，走进了展厅的前厅。

一进前厅，红色的顶灯把排队入场的观众照得浑身上下一片通红，我们相互看着被红光映红的面孔，不禁哑然失笑了。展厅里的音乐声配合着红灯效果，这也算是一种观看声光电梵高画的预热吧。

当我们随着人流走进 4000 平方米的大厅，仰望四周 12 米高的幕布上巨大的投影梵高画作时，这种被高科技运用声光电 3D 投影造成的视觉上的冲击，彻底颠覆了我看画展的观念。

大厅里，除了顶棚上空空如也，地面和四周还有更显 3D 效果竖立在场地中间的立体幕板，都随投影变换着色彩和画面，人沉浸其中，不知是人在画中游，还是画在人中走。尤其是船在海中的画作，在动画效果下，你仿佛看到船随波逐浪前行，在音乐的伴奏下，梵高笔下的不朽名作“活”了过来，《玉兰花》的花瓣儿片片飘落在地上，人们好像随手可以触摸《星空》画面上的星星。无论是坐在大厅里主办方仿造的石凳上，还是站在大厅里的任何一角，我都感觉与画混为了一体，不知今夕何夕。

200幅梵高的画，在35分钟的交替投影和音乐伴奏下，让观众在科技里遨游梵高的作品，倾听他生命的悲歌。

刚进入大厅的那种震撼，随着我想仔细观赏每一幅画的愿望，逐渐消失了。当我看到一幅画巨大的投影，想靠近看个仔细时，画面顿时缩成了一小点，特别是随着动画的晃动，眼前是一片模糊的瞬间片段；当我站在远处想观赏投在幕布上的完整画作时，眼前是晃动的人头，和举着手机在拍摄视频的人影，以及摆拍的男人女人；无休无止的音乐声响在耳边钻进耳膜，没有片刻的宁静。我迷茫在沉浸式梵高艺术展的大厅里。

赏画的迷人之处在于沉浸其中，色彩、线条、明暗对比、情绪渲染，都能引起观赏者的感官效应和思想活动，它是一种静心体会。我在普通美术馆的展馆里，无论是观赏传统绘画，还是现代绘画，也无论靠近仔细辨别，还是站在远处眯起眼睛看整幅画面，都可以随着心境慢慢地调整步伐，细细地品味其中的内涵，对于观赏者来说，是一种自觉自愿沉浸其中的内心活动。生活在蒙城的这些年里，我们无论是去观赏美术馆的免费画展，还是买票观赏马克•夏加尔等名画家的巡回展，都是在悄无声息中进行。

展厅里，我驻足看画时，静得能听见自己的心跳和呼吸声，能听见我随着画面流淌在脑海里的音乐旋律，和身体起舞的节拍声。一幅幅镶在画框里的画引起我心灵的震撼，可以占据整个展厅，可以冲出美术馆的墙壁，翻山越岭，对着旷野高声呐喊，可谓沉浸其中，在思想的境界里遨游。

体验沉浸式梵高艺术展，确实让我在虚拟的真实画面里极为震撼，却听不见自己的呼吸和音乐旋律，在高科技的引领下不知不觉迷失其中。

人类在前进，科技在各个领域的渗透，以迅雷不及掩耳之势冲击着人们的生活，改变着人们的思想观念。

就拿梵高的画来说，每一幅画都出自他的手，都是他的画作，画还是那幅画，但是被各种形式打造后展示在观众面前，他的画还是那幅画吗？

万盏灯中一抹红

我曾无数次地想象北极极昼的景象，也曾无数次的幻想蒙城冬季里有几日白夜的光景，可我连做梦都不曾想到，2016 年 2 月 27 日，我们加盟开办的密室逃脱连锁店 Chambres aux Mystères / Mystery Room，作为这个行业唯一的华人店，参与了蒙城灯光节及其高峰 Nuit Blanche（白夜）大型活动，红色灯光打在店标上，赫然出现在市中心的活动区域，吸引了数百名各族裔的男女老少前来玩游戏。

Nuit Blanche 的开场时间是当天晚上 8 点。刚过 7 点半，就有急不可待的人群来店门口排队。出乎意料的长龙般的队伍，从二楼排到一楼，从室内排到室外，又排到街口，一直持续到凌晨两点半，形成了空前的壮观场面。

我们移居蒙城二十多年了，在这期间，多次带着女儿们参加蒙城灯光节（Montréal en Lumière）活动，全家人兴高采烈地坐摩天轮、滑冰滑梯、滑溜索，品尝各种小吃，每次只是作为游玩儿者参加各种活动，从来没有想到我们自己会作为灯光节亮点的 Nuit Blanche 的参办者，亮相其中。

看到门前排队的人群，我感到这阵势一下子拉近了我们跟蒙城的文化距离，身处蒙城的娱乐圈中，心头油然生出一种强烈的自豪感：我们作为 Nuit Blanche 的一员，也在为蒙城的文化娱乐活动做贡献！这阵势，也让我回想起开加盟店我从转变思想观念，到筹建游戏厅所经历的一幕幕情景。

去年夏季，我丈夫高中时的同班好友，邀请我们在蒙市开一间密室逃脱游戏连锁店，并说他们已经在多伦多开了三家连锁店，生意红火，前景可观。我一听“游戏”二字，想到现在有些孩子整天打游戏机，以至于荒废了学业，我们居然还要开游戏屋，这不是坑害青少年嘛，断然拒绝了他们的邀请。

无论他俩怎么向我解释这种实景游戏与打游戏机的区别，我都一口咬定不开这类加盟店。鉴于此，老朋友建议我们亲自前往多伦多，实地考察之后再做决定。

于是，我十分不情愿地前往老朋友开办的密室逃脱游戏屋。我们开车到了店铺门前，车还没有停稳，就见成群结伙的年轻人从店里出来，推开车门就听到他们热烈而又兴奋的交谈声。我怀着迷惑不解的心情，走进了店铺。

进得店铺前厅，全然不见游戏机的影子。跟随着朋友穿行在那一间间神秘中透出挑战气氛的连环房间，看到巧妙的密室装修，和朋友对每个游戏的详细解释，这一切一扫我对游戏的固有观念。

原来这几年真人参与实景密室逃脱游戏风靡全球，它是一种充满挑战性、社交性、益智性、娱乐性，提高观察力、想象力、思考力、推断力，培养合作精神、增进彼此感情的团队游戏。在解开密室内层层机关的过程中，每个人都会感受到成功的喜悦和挑战的刺激。

在青少年迷恋于游戏机、电脑等各种电子产品的时代，密室逃脱无疑是一种既满足了青少年的游戏心理，又能使他们远离电子产品，与朋友一同玩耍的好去处，是一个充满阳光和积极向上的游戏。

经过反复研究，我们夫妻俩终于达成共识，决定在蒙城开一家密室逃脱连锁店。

有了思想观念转变这个坚实的基础，任何在租店铺中遇到的困难，和装修时付出的艰辛，都不在话下。枫叶红了的时候，加盟店 Chambres aux Mystères / Mystery Room 开张了。

我们的游戏厅开设在 7 René-Lévesque W 一幢老楼房的第二层，楼里没有电梯，对于上了年纪来玩儿游戏的老人，和残疾人来说，有些不容易。既便这样，也阻挡不了怀着满腔热情来玩游戏的人们。

一个风雪交加的晚上，有一场八人预定的游戏。快到预定时间时，我看着窗外漫天飞舞的大雪，心想：就算他们临时取消了预定的场次，我也完全理解。这当口门铃声响起来，我按了电动按钮开了门，听到有人上楼的脚步声，只有三个人出现在前厅，其中一人说他们的另外五位朋友在楼下，等待轮椅轮子上的雪消掉后再上来，他说那五人中间有一位残疾人需要坐轮椅玩游戏。不一会儿，四个年轻人抬着坐轮椅的小伙子上了楼，随后那个残疾人转着轮椅进到游戏室。

那晚，他们这组人没有破解全部密码，但他们齐心协力的团队精神，和人们之间的友爱感情，深深地感动了我们。

感动我们的不仅是那些残疾人，也有上了年纪的老人。有两对儿老夫妻，第一次来玩《古墓探险》游戏时，爬楼梯走进游戏室前厅，就马上坐在一张椅子上，要求稍坐几分钟休息一下，然后再玩儿游戏。我心里着实敬佩他们赶新潮的精神，和挑战自我的勇气，同时暗自想：这楼梯着实够他们爬的。没想到，过了一个月，他们又第二次结伴儿来玩另外一个游戏，这次他们成功解密了。我大声赞扬他们的童心和探新精神，竖起两个大拇指为他们叫好。

我们不仅为老年顾客叫好，也为年轻的父母发出赞叹声，因为冰雨也挡不住他们的游玩之心。有个冰雨之夜，店里进来一对儿年轻夫妻，丈夫身背一个裹着防雨布包着的巨形背包，我想这是背包客啊，没想到，掀开防雨布，婴儿专用背包里坐着一个大约六个月的婴儿。他们夫妻俩说得先喂饱孩子再玩儿游戏，所以比另外两个朋友早到十几分钟安顿孩子。整个游戏过程中，他们夫妻俩轮流抱孩子，共同解密案，既交流了感情，又照顾了孩子，场面温馨又感人。游戏结束后，他们相互搀扶着，冲进了下着冰雨的夜色中。

每次去店里工作，我都会被各种年龄段的顾客感动：感动他们风雨无阻地遵守预定时间来玩儿游戏，感动他们组织朋友一道分享玩游戏的快乐，感动他们祖孙三代一家人齐心破案其乐融融的亲情，感动他们不甘失败直到攻克重重关卡的精神。

夜幕降临，蒙城大街灯火通明，Chambres aux Mystères / Mystery Room，万盏灯中一抹红，映照在蒙城的天空。

露天咖啡亭

不知从什么时候起，在露天咖啡亭喝咖啡，成了我们乐此不疲的户外活动之一。

第一次去 André-J.-Côté公园时，把车停放在停车场，我刚从车里出来，就被那座傍水而筑的亭子吸引住了，情不自禁地脱口而出“好一座望江亭”！不由得驻足观赏，随后它就像一块吸铁石，把我如螺丝般吸了过去。

它站立在滚滚东流圣劳伦斯河的一个湾道边，水域像平湖，闹中取静，既符合“水际安亭”的中国园林建筑形式，又体现了魁北克人崇尚自然的天性。亭子外观朴实无华，既没有攒尖顶拱翘形状，也没有雕饰，只是一座木结构八角双檐亭。站在亭子里，面朝河水处望去，水天一色下，可以眺望皇家山方向的圣约瑟夫大教堂，和蒙城市中心高楼林立的景象。

在这个依自然地势开发的公园里，这亭子不仅是游人歇脚处，它成了一个多功能场所：亭子中间放一张野餐桌，就是三五好友的聚餐乐园；柱子上挂满了彩色气球，就是庆生日的游戏厅；摆上一架当地市民捐赠的古钢琴，就是小乐队的演奏室，和随意弹奏者的诗和远方。

从我们家住宅区到这个公园，有一条自行车道。自从发现这条道，只要天气条件允许，我俩就骑车去公园，亭子是每次都必定要光顾的地方，不仅为歇脚，更是为了从亭子里眺望大河，和水面泛舟的影子，及一望无际的天宽水阔。

不知不觉中，自行车筐装的双肩背里，多了一个灌满自制咖啡的便携式保温杯，一到了亭子里，我们夫妻俩就坐在亭子的围栏椅上，边喝冒着热气的咖啡，边赏亭里亭外养心养眼的美景。丈夫有时会兴致盎然地坐在钢琴凳上即兴弹奏一首钢琴曲，琴声飘荡在亭子周围，时常引来游人的驻足倾听。

踏着琴声而来的游人里，有遛狗的男士，有漫步的老妇，有写生的学生，他们听着琴声沉浸在美好的享受中；有推着婴儿的年轻妈妈，她静静地站立在亭子前，合着乐曲注视着小宝宝，阳光照在她慈爱美丽的脸上，生动又迷人。一曲结束后她一边鼓掌一边赞美，然后欢快地推着婴儿车走向公园的画廊。

一天，我们正坐在亭子里享受咖啡时光，只见一对推着自行车的老夫妻朝亭子走来，那位先生把车支在草坪上，径直走进了亭子，他的眼睛一直盯着亭子中央的钢琴。我友好地问："先生，您是不是想弹钢琴？"他微笑着点头称是，随手就弹奏了起来，那灵活的指法，如行云流水，琴声高逸，我仿佛在听钢琴演奏家的弹奏，禁不住连声称赞。看着他身穿运动服头上戴着头盔弹琴的样子，被他的精神气儿感染，为他的劲头叫好。

蒙城还有在这样的琴声中、这样的环境里喝咖啡的咖啡厅吗？我迅速在脑海里搜寻了一遍，答案是没有，便自然而然地冒出了一句"露天咖啡亭"，情不自禁地笑出了声。

在露天咖啡亭里，我们体验着生活的美好，和生活的奇妙：夫婿弹奏肖邦夜曲，我双手合十口诵心经，远处是圣约瑟夫大教堂的圆顶在晨雾中忽隐忽现。东方佛教，在简单自然中修心；西方天主教基督教，把教堂建在山顶、街边，在纷繁复杂中敲心。而我，一个不是教徒的信神灵者，不再盲目听从教义和戒律，却越来越坚守心中的底线，敬畏天地鬼神，放下执着随遇而安。

一个小小的亭子，里面装着世间多少事。有一天，公园沐浴在阳光绿影中，一派暖融融的景色。我俩正在亭子里喝着咖啡，一位文人摸样的西人男士走了进来，他友好地冲着我们笑笑用中文说道："你好"！我看着他友善地说："你好！你讲中文啊"！他立刻用英语说："我只会用中文说'你好！谢谢！再见！'中文是世界上最难学的语言。"我笑着用英文对他说："我在蒙城生活了近三十年，能说的法语跟你会说的中文差不多。法语是世界上最难学的语言。"

东方和西方，语言不同，文化不同，对事物的认识自然不同。他是翻译，把法语翻译成英语易如反掌，中文对他来说那一撇一捺，是一种古老神秘又难学的语言。我不是翻译，站在象形文字横平竖直滋生的黄土地上，看曲里拐弯儿拼音文字法语，怎么也整理不出头绪。隔山隔水隔文化隔思想，却阻隔不了人类爱山爱水爱自然的共同情感。他看着我手里的杯子问："我挺喜欢喝中国茶，你喝的是中国茶？"我回答："是牙买加蓝山咖啡。"我们会心地大笑了起来。

露天咖啡亭，咖啡味道浓，茶叶飘清香。

博士的博事

夫君陶同学，是我所认识的我们这批来加拿大麦吉尔大学留学生中，唯一一位攻读英国文学博士学位，并最终拿到此学位的人。

遥想当年，有多少跟他一样在国内获得英语专业学士学位的同学，一出国留学，就改修其它专业了，理由很简单，中国人拿英国文学博士学位，在北美找大学教授英国文学的工作，大有鲁班门前弄大斧的架势，谁不懂得扬长避短的道理呢？

可这位陶同学，愣是不改初心，一条道儿撞到头。

当他拿着博士学位证书，在各大学四处求职，八面碰壁之后，才回过神儿来：此博士学位，非彼博士学位。看着其他专业的同学拿到北美大学的学位后，各个都找到对口工作，踌躇满志地走马上任，他也开始重新定位自己的人生坐标。

可想而知，靠在国内上大学读英语专业从学习国际音标，和 26 个英语字母开始，到读大部头的英语原文名著，再到研究莎士比亚文学作品，陶同学除了有蚂蚁啃骨头的精神以外，还得做那只迟起飞的笨鸟。在这只笨鸟一次次的飞行中，翅膀上还拖着一个五口之家的大家庭。

陶同学读攻读博士学位期间，我们先后有了双胞胎女儿，和小女儿。

虽说他一根筋往英国文学博士的牛角尖里钻，但眼前三个孩子的吃喝穿戴，和居家过日子的衣食住行，引领他跨界谋生，过上了一种广做博事的生活。

他的第一份工作，是在麦吉尔大学英文系做大学四年级学生的助教。那些英文专业本科生必读的书目，令他这个有英国文学硕士学位的在读博士生汗颜。从作品到理论，许多原文著作他都没读过，怎么能辅导并回答这些头脑活跃的本科生的问题呢？

他只得硬着头皮拼命阅读，夜以继日通读原著，并搜寻查参考书目，去给那些在中学就精读诸如《罗密欧与朱丽叶》，并对书里各种人物都分析得头头是道的本科生作辅导。这哪里是给学生教书，分明是给自己补课嘛。语言是一回事，文学和文化背景是另一回事，而思维方式是通过语言、文学，以及文化传统慢慢形成的。

焦头烂额地做了三年助教，像加国的文科预科学生一般精读泛读了英文经典原著，着实为他的博士论文写作夯实了结实的基础。

这三年里，他不仅在麦吉尔大学英文系做助教，同时也在校外兼做中国与加国合作开发水电项目的翻译工作。

上个世纪九十代初期，中加合作的水电项目上马，急需中英文技术翻译，加方项目负责人去麦大找精通中英文并有水电翻译经历的学生，校方推荐了陶同学。

隔行如隔山，何况这么大的项目涉及到许许多多的专业领域。陶同学愣是凭着一股做学问的钻研精神和严谨态度，边学边干。设计联络会，技术谈判，工厂监造，现场观摩，休息时也不闲着，读标书，看图纸，向双方工程师请教各种技术问题。他一边读博士，一边做技术翻译，翻译工作贯穿在整个读博士学位的过程中。几年的技术翻译，搞得国内的工程师还以为他是学水电专业的同行呢。

就在陶同学戴上了英国文学博士学位帽，与申请在大学教授英文专业工作失之交臂的同时，他受聘于蒙特利尔一家研发水电监测系统的公司，正式做了中国市场销售经理，并兼作公司的中英文翻译。

这份正式工作对于一直在学校做学问的陶博士来说，再次面临全新的挑战：除了学习技术，还有产品推销、技术讲解、客户关系、办公室政治等等，不再是啃几本书，写几篇论文，讲几节课，做翻译那么单纯自己掌握自己的事。

然而，生活只相信谋生第一的硬道理，一切借口和委屈，都无济于事。博士帽是学以致用的符号，不是拍照的道具。

陶同学用作博士论文的态度，一章一节地开始书写自己的市场开拓生涯，一做就是十几年。这十几年里，他依然用笨鸟先飞的勤奋摸索销售之道，来往于中国和加国之间，与两国的水电事业同呼吸，与自己不谙其复杂的社会共成长，练就了一颗不畏艰难，顺应变化的心。同时作学术、科技、文学、艺术等领域的书籍和文章的翻译，以及国际会议的口译工作。翻译工作始终贯穿于他的公司生涯。

年届花甲之际，他用当下流行的网络语言说：生活不只有眼前的苟且，还有诗和远方。

于是，在工作之余，他又籍着对诗歌的爱好和中英双语的背景，玩儿起了中诗英译，先后翻译出版了四部诗集，含三百多首诗，顺便也做了中西文化的交流工作。以他研读莎士比亚的功底，和对诗歌的热情，翻译作品得到了诗界和译界广泛的承认和好评。

用朋友的话说：诗歌何其高，翻译诗歌的人又是何其高！在众人眼里，博士高高在上，如龙如凤，专居象牙之塔，心无旁骛。而陶博士从攻读英国文学博士学位起，就深知自己是一只笨鸟，在生活的道上一路飞来，时时放下戴在自己头上的博士帽，以最低的身段，在他所从事的各个领域里低空飞行，虽没有从事其博士专业的对口工作，却用攻读博士的心态，做每一份工作。此博事，非彼博士也，然苦中自有其乐。

这么多年里，陶同学在大学做过助教，做过翻译，搞过市场，当过编辑，做过咨询，管过公司；生活中，乐融融地带女儿安装新桌子、搭建自家后院儿的工具棚，自己修理车库的电动门、折腾瘫痪的剪草机、调修自家的钢琴，安装洗碗机，可以说修理安装家电，木工瓦工都干；业余还玩儿摄影，学钢琴，偶尔还诌几句歪诗。他就这样过着他博为众事的生活。

世上没有白走的路，每一步都算数。随势态调整自己的生活坐标，不卑不亢，不悲不怒，博事皆生活。2017 年他通过严格的考试，获邀参加由中国商务印书馆，和牛津大学出版社合作的中国辞书的英译工作，一纸英国文学博士的修炼终于派上了用场，为祖国的文化事业，和国际文化交流做实实在在的有用之事。近年来，玩诗歌翻译又玩出了新高度，出版了他颇为自豪的译著——艾略特现代长诗《荒原·情歌》和译诗集《英诗汉韵》。

博事也？博士也！

同一条街

在北美，但凡有点儿历史的城市，都有一条唐人街，蒙特利尔也不例外。

记得上个世纪八十年代末，我以陪读身份，跟随丈夫到蒙城后，连时差都没倒过来，他就带我去逛唐人街。

一月份的蒙城，天黑得特别早，刚下午四点多，夜幕就降临了。我们乘公交车，快到唐人街时，我被街区灯火通明的景象给震呆了：五光十色霓虹灯照耀下的店铺，犹如一个个水晶宫，宫门上繁体中文字的店名，仿佛让我在到处写着法文和英文的茫茫商海里，突然找到灯塔，一下子就有了归属感。

下得车来，奔向唐人街，脚地生风，心跳加快了起来。在这个陌生的城市，有一条同根的街，这是何等的亲切，何等的舒坦呀。我一个箭步跨进了超市，情不自禁地向店员打招呼："你好！"没料到，那位店员冷眼看着我，嘀咕了一句我后来才知道的粤语。

从超市出来，进了几家杂货店，我发现，几乎所有的店主和店员，都清一色儿地讲粤语。比我们早来一年的朋友告诉我：唐人街，把汉语分为粤语、潮州话，台湾国语和大陆普通话。而这种对语言的排列，与其语言代表的经济实力直接挂了勾。

在唐人街店主和雇员的眼里，大陆是贫困的代名词。无论我们这些留学生在大学读的硕士，还是博士，没钱什么都不是。尽管西方商业街有个口号：顾客是上帝。但唐人街的店铺不屑一顾我们这些大陆仔。

有次我请朋友来家里聚餐，在唐人街一个较大的超市买了近百元的食物，收银员边往收银机里输入价格，便殷勤地用粤语腔问："你是台湾人吗？"我告诉她："我来自北京，是地地道道的中国人。"她抬起头盯着我惊愕得半天合不上嘴。

那些年，我走在蒙城 St-Catherine 商业大街上，时常被当地的法裔或英裔当成日本人，他们跟我打招呼用的是日语"こんにちは"。我仰头挺胸说："你好！I am Chinese."。他们说一声"Oops"走开了。在西人眼里，中国是贫穷落后的代名词，只有日本人才有经济实力满世界旅游。

咱老话儿怎么说的来着，三十年河东，三十年河西。转眼进入了二十一世纪，随着 2008 年奥运会在北京的举行，让世人见证了一个从发展中国家走来的中国，正在从各方面崛起。

也就在中国实力近三十年日渐强大的过程中，大陆普通话悄然在唐人街的各个店铺里流行了起来，我们说着普通话进出超市或杂货铺，店主或店员都会主动与我们打招呼，并尽量试着用普通话解答我们的询问。我们也不再遭受冷眼被他们嘀咕成大陆仔。

现如今，我走在蒙城 St-Catherine 商业大街上，时常有当地的法裔或英裔人士，用挺标准的普通话"你好！"跟我打招呼，我说："你好！你的中文发音真不错。"他们大多数会笑着说："I wish I could speak more Chinese."。

不仅路人以能说"你好"为荣，周末中文学校里，黄头发蓝眼睛的洋娃娃越来越多，就连我教的幼儿园大班，这十几年来，有过各族裔的家长，让我把中文儿歌用拼音标出来，回家教自家娃吟唱的经历。

有一个我教过的刚从大班毕业，上了学前班的加籍摩洛哥裔小男孩儿，跟他爸爸来我班里接妹妹时，兴奋地从书包里拿出一张写着几行中文字的纸，对我说："Lili，你看，我会写中文了。"并指着一个个汉字大声读"日、月、水、火。"然后仰头问我："我读的对吗？"我点头称赞道："完全正确。"他眼睛里闪着光，一溜小跑出了教室。

在同一条街，我不仅经历了西方人对中国人的另眼相待，也经历了老华侨对大陆人的瞧不起。我感受了西方世界如今对中文的热潮，连显赫人物都送自家娃上中文学校，和对中国强大的赞叹；也感受了老华侨转变了他们对改革开放后的大陆，在各方面迅速发展的态度。

我们移居蒙特利尔近三十年了，同一条街，无论当初我们被怎样的瞧不起，心中都以自己是中国人感到自豪，因为我们身后有几千年文明的大国，有生养我们的父母和黄土地。同一条街，无论当今世界怎样评价中国，我们心中都以自己是中国人感到骄傲，因为我们的祖国，秉承着祖先在和平道路上人类共同富强的品德，向世界展现一个中华民族自强不息的新风貌。

牵手

热恋中的男女，轻轻碰一下对方的手，都会产生一种像触电般的电流，流遍全身。那碰触的不只是手，更是心，传递的是爱意和真情。有了爱意和真情，才能牵起对方的手走进婚姻。

过了谈恋爱季节，我已经记不得第一次跟我家那口子十指相扣的感觉了。但他出国留学，我们婚后分别整一年，他到蒙特利尔特鲁多机场来接我，把行李放进小轿车后备箱，我俩并排坐在朋友小汽车后排座位上时，他牵起我的手，放在他左手掌心，用右手抚摸我手心的感觉，我这辈子都铭刻在心头：那是一双多么粗糙的手！粗而深的纹路，加上新生的老茧，微微刺痛了我的嫩皮，隐隐传递着久别重逢的喜悦，和颤抖地诉说着留学生活的无奈与艰辛。

送走了接机的朋友，丈夫牵着我的手走进了他租好的11/2房间，兴冲冲向我展示房间里的各个区域：捡来的沙发作客厅，捡来的桌子当餐桌兼办公桌，捡来的……我挣脱他的手，坐在捡来的椅子上哭了。眼前的境况与我梦中的国外生活相差十万八千里，我怎么也不愿意相信这就是我们牵手走进的国外生活。

他捧起我的脸，用那粗糙的手为我把眼角的泪拭去，然后，用瓦西里对其妻子的口吻对我说：“亲爱的，面包会有的，一切都会有的。”我这才破涕为笑，与他相拥在这间各处摆放着捡来的家具的房子里。触摸着丈夫生满老茧的手，听他讲述他是如何为了我的早日到来，用他那双在国内执粉笔的手，为房东扛了一夏天泥瓦工的活儿，而生了一手老茧的经历。

第二天，他牵着我的手穿过两条街，来到皇家山公园脚下，兴奋地为我在冰天雪地里拍照，一时间，我全然忘记了留学生活的艰难和痛苦。握着他的手，我感到只要我们携起手来，就能在这洁白的雪国里画出最新最美的图画。

来到在蒙特利尔这座英法双语城市，对既不会说英语更不会说法语的我来说，如同掉进了冰窟窿里的小鹿，要想生存，就得扑腾出一条跃出冰窟窿的路。在我扑腾的路上，丈夫牵着我的手，拉着我熟悉居所外围的环境，带我去应聘第一份工作，用他那双粗糙的手，在录音机上轻轻按下录音按钮，为我录制英语日常用语，为我翻着菜谱作出一道道可口的饭菜和鲜汤配蘑菇。

在我一边打工一边学英语辛劳艰苦的日子里，丈夫一次次牵着我的手，忙里偷闲，带我游走在蒙城的青山绿水间；牵着我的手，跨过雪泥险滩，跟我共迎冰雨和风霜。

记得有一次我收工后，公共汽车进站时，天空突然降下了瓢泼大雨，我心里连声叫苦，正要硬着头皮冲进大雨时，只见丈夫伸出粗糙的手在下车的最后一阶上牵起我的手，一把将我拉进了他打的雨伞下，我们四目对视的那一刻，泪水模糊了雨伞以外的天地，唯有那双牵在一起的手，清晰而牢固。

劳作的日子里，我依然不忘打扮自己。在中国人流行卷发的年代，我站在卖电烫发器的货架前，久久不肯离去，多想买一个挂在淋浴间的梳妆镜旁，出门前卷一下，那该是多么俏皮又漂亮。可是，一个最便宜的电卷发器也要 20 加元呀。我对丈夫说，等它减价时，我一定给自己买一个。转天，丈夫用他粗糙的手举着电卷发器从楼下飞来，他一边在楼梯上奔跑，一边大声喊道：“老婆，我给你买了电卷发器！”进得家门，他牵起我的手，把卷发器放在我手上，问道："看看是不是你喜欢的那种？这星期它打五折。"我捧着卷发器，把头埋在他的胸口，边哭边笑地牵起了他的手。

……

我们夫妻俩结婚时，没有像基督教徒那样，在牧师面前许下诺言，唯有牵起对方的手，走进婚礼殿堂，接受亲人和朋友的祝福。我们牵手走进了婚姻，走上了移民的路。这二十多年来，一路上无论风雨、冰霜，也无论阳光、彩虹，我们牵手跨千山万水，渡大江大河，十指相扣的手，连着心，连着肺，连着我们朴实无华，却又心心相印的生活。

牵手成了我们夫妻传递问候、表示亲昵，道声安慰、相辅相依的肢体语言，这一习惯动作，被跟我们一同散步，已经成为医生的女儿抓拍个正着。

照片里，我和丈夫十指相扣，迎着夕阳，漫步在林间小道上，他已头发花白，我也银丝飞舞，我们牵手走向夕阳映照的远方。

初为人外祖母

两年前深秋的一个周末，我俩去市中心逛街，路过一家咖啡馆时，我们的脚步随着从门缝儿飘出来的浓香，走了进去。喝杯咖啡消遣下午时光，歇脚又暖胃，舒畅。

待我们选好座位，我起身准备到柜台点咖啡时，邻桌一个三岁左右的小女孩儿指着我说："你是姥姥"！还没容我反应过来，坐在女孩儿旁边的一位说一口标准普通话的英裔男士，慌忙对我说："对不起女士，我女儿不懂事，您别见怪啊。"然后他对女孩儿说："玛丽，这位女士没那么老，你应该管她叫阿姨。"

我这才注意到这个混血女孩儿身上有中国人的基因，孩子出于天性，把跟她姥姥年龄差不多的中国妇人都叫做"姥姥"。

第一次被孩子叫做"姥姥"，我的心都让她叫得像破壳后的蛋清，柔滑流满了我的心田。看着小脸儿涨得通红的小女孩儿，我美滋滋地问她："我是不是像个姥姥呀？"孩子立刻说："是！"我乐了，转过头对孩子的爸爸说："你女儿好眼力，我被她认定像姥姥，真的好开心呀！"那年我五十七岁。

虽然被"姥姥"化了，虽然一想到外孙们围着我叫姥姥心里也甜甜的，但是当姥姥究竟是个啥滋味却还是不知道。

两年后，我们的二闺女生了一个女儿。我真的当姥姥了。

得知她们母女平安的喜讯后，我和她姥爷立刻带着炖好的鸡汤，去医院探望女儿夫妇，和新生外孙女儿。一路上我想象着外孙女儿的模样，心里乐开了花。

我们轻轻地推开母婴室的门，我一眼就看见在女儿怀里的外孙女儿，她正睁着亮晶晶的眼睛盯着她妈妈呢。那一刻，我的身体相似被她融化了一般，软得像一团棉花。我问候了女儿女婿，就迫不及待地从女儿的手里把外孙女儿抱进我的怀里，顿时产生了一种新鲜血液欢快地在我身体里流淌的感觉，她让我觉得身体里的每一个细胞都充满了爱。看着她那双看世界的眼睛，我满眼满心都是爱，用我前所未有的饱含慈祥的语调对她说："快让姥姥看看你这个亲咯蛋。"此刻"姥姥"这个名词对我来说，有了实实在在的含义——我是亲咯蛋的姥姥。

我向单位请了一个月的假，撸胳膊挽袖子地摆开阵势想照顾闺女坐月子，可是在加国长大的女儿不迷信坐月子，并说他们夫妻俩都有产假，可以轮流照顾孩子做家务。这样一来就不能每天见外孙女儿了，我急得嗓子都冒烟儿了。无奈，我得尊重闺女的选择嘛，只有更加珍惜每次给闺女送食物的机会，抱着外孙女儿一口一声姥姥给你看这个，姥姥给你看那个。心里想着能时常见到外孙女儿，哄她睡觉、给她换尿片儿，在孩子的心里我这个姥姥也不只是个代号。

闺女是看书养孩子，孩子的身体长到几个月会翻身、几个月能坐直，她都照书本上写的文字观察娃娃的情况，稍有迟缓她就担心又焦虑。而我初次当姥姥，就体会到为人母和为人外祖母的不同。

顺其自然，不急不慌，耐心地对待孩子自身的发展，是当姥姥对待孙辈的天性。我围着孩子转，总是和颜悦色细声细气的跟她说话。丈夫开玩笑说他跟我结婚三十多年，直到有了外孙女才知道我还有这么好的脾气。

当了姥姥我方知晓，外孙女儿的一举一动都让我激动的心跳。盯着外孙女儿甜睡的样子，看她梦哭看她梦笑，感恩之情油然而生；听她哭听她叫，感动的眼泪往下掉。我仿佛看到：他笑了她也笑了，有生命的都朝我们欢笑，他哭了她也哭了，有知觉的都为我们呼叫。幸福的泪水汇成温柔之河，任我们的小船在河里漂游，浪花里飞出欢乐的歌。

为人外祖母，我一空闲下来，就在脑海里放外孙女儿的电影，她的每一个片段都能让我回味无穷。我们不厌其烦地看女儿发来的视频：外孙女儿第一次翻身，第一次直直地坐在地毯上……当姥姥的对外孙女儿只是得空时陪伴她玩耍，这样就放下了紧张和焦虑的心绪，多了几分宽容，多了几许欣赏。对小小人儿的任何一点点进步，我都感到欢欣鼓舞。

当了姥姥，我走路脚底生风，爱意随着欢乐的情绪活跃在我的大脑，使我容光焕发充满了活力。当朋友们问我当了姥姥有啥感觉呢？我美滋滋地回答：俩字儿——幸福！当姥姥是人生的一大幸福。当姥姥的过程也是一个自我提升的过程，我慢慢地学会了尊重女儿的生活理念，只做她的帮手，不越俎代庖，在女儿感到紧张时做她的镇静剂，和强有力的后盾。对外孙女儿没有严格的要求，只有启发式的引导，和分享她眼睛里流出来的晶莹泪珠。

“姥姥”让我的性情变得温柔，让我觉得这个世界充满了爱和希望。

蹬车行旅

自行车，在上个世纪六、七十年代的中国，是城镇大小家庭都不可缺少的物件儿。

它不仅仅是交通工具，更是长辈们负重运输的好帮手：每个月初到粮店买粮，全家的口粮玉米面、白面、小米按照粮本上的人口定额，交了粮票和现金，称斤论两后，小心地倒进白布面袋儿里，把面袋儿挂在车子的前梁和后座，父亲稳住车把在前头走，母亲用手扶着粮袋儿在后面行。远远看上去，自行车就像是从父母身上延长的胳膊，和转动的腿脚，这情景，在我幼小的心里留下深刻的印象。当时流行的一句顺口溜——“车铃儿一响，面缸有粮，车轮儿一转，行走八方。”正是对自行车的写照。

在我的记忆里，当时谁家想要买一辆自行车，就得从微薄的工资里一点儿一点儿的攒钱，但单靠攒钱并不够，因为好不容易攒够了钱，如果没有购车票也枉然。

越是稀缺的货物，越显得金贵。所有的父母都不允许自家上小学的孩子靠近自行车，自行车成了各家放在学龄儿童面前的一块“见车止步”的禁牌。我们这些上小学二三年级的学童，看到上中学的大孩子们骑着自行车进出院子，手脚就情不自禁地动起来，小脑筋瓜里净想着怎样才能学骑自行车。

我们三个住在中学家属院儿同一排平房的伙伴儿，只要看到有谁家的哥姐推车出了院子的大门，立刻奔走相告，仨人就到大门口玩耍，眼睛却左顾右盼地等他们回来。一听到车铃声，就蜂拥而上，趁着哥姐们刚下车还没有进院子，连声央求大姐姐让小妹妹们推一小会儿自行车，并恳请他们护着车子让我们轮流学着溜车。

学会了溜车，就想学蹬车。一想到双脚踩在自行车脚蹬上，车轮儿飞快地转着往前走，心里那个兴奋劲儿甭提多高兴，多让人上瘾了！面对当时全院儿清一色的28型横梁自行车，我们只能采取把右腿伸到车梁下，踩半圈儿脚蹬的方式骑车。

几乎所有院子里的小学生，都是瞅准家长午休，悄悄地推上车子，跟一帮大孩子在学校的操场上学会了骑车。先由蹬半圈掏着骑，到跨上横梁蹬整圈儿骑，再到正经八百地坐在车座上骑。当我正式向父母宣布：我会骑自行车了！并且当场表演我的车技时，他们流露出的惊喜交集的神情，让我好强好胜之心获得了小小的满足。

从此，家里的自行车对我不再是醒目的“禁牌”，它成了我帮助父母做家务的得力交通工具。那时候，蔬菜供应短缺，我们街区唯一的一个菜店，经常是开门营业却无菜可卖。我跟着几个大孩子，骑车行走在城市的大街小巷，不为看景，只为寻找蔬菜店，为了能买到时令蔬菜，和瓜果。她们一个个技术娴熟，我则奋力蹬车追赶，可还是常常被落下老远，每每遇到这种情况，总会有一个大姐姐停下车来等我，让我不要着急，擦擦汗再骑。

当我们推着车，像英雄一样带着一网兜从远郊买的蔬菜，凯旋似的走进家属院儿时，脸上溢满了穷人的孩子早当家的骄傲的神情，自行车为家人能吃到茄子、豆角、黄瓜立了头功。看着姥姥喜笑颜开地一边把菜放进篮子里，一边夸我是骑车的好把式，我就像古代骑兵爱马一样，拍拍自行车，心里那高兴劲儿就甭提了，随即就把车子擦得干净又光亮。

岁月如梭，一晃我移居加国已经三十年了。平时上下班乘坐地铁，节假日开着自家的小轿车，轮着美加境内的名胜满处跑，而自行车在我的日常生活中派不上用场，它曾作为交通工具这个根深蒂固的概念，悄悄地退到了我记忆深处的角落。

没曾想，在我花甲之年，一个偶然的机遇，让我对自行车有了全新的认识。

初秋的一个周末，天空澄碧，纤云不染，纯净的阳光把温暖淋满了每个户外行走之人，我和丈夫去逛社区秋季街卖。走进大树林荫的住宅街道，第一幢房子靠近街边的车道上，摆放着折叠方桌，桌子两边的户外木头椅子上，坐着两位白发苍苍的老人，他们正边喝咖啡边聊天儿。在他们前面，支着两辆标有“出售”字样，九成新的城市自行车，一辆是黑色的斜梁男士车，一辆是白色的女式车，除此之外，别无它物。我俩跟他们打过招呼后，好奇地驻足环顾，老太太起身微笑着问我是不是中国人，我点头称是，她的眼里顿时发出光亮。

老人家说她去过中国，看着满大街流动的自行车，觉得所有的人都是骑车高手，并殷勤地问我要不要买这两辆二手自行车。我笑着说，我已是花甲之人，不骑车子了。她笑笑说，他们夫妻俩今年整整七十岁了，这两辆自行车是两年前买的，他们爱骑车游玩。儿子上周刚给他们买了电动自行车，所以才决定卖掉这两辆自行车。她的话激起我活力满腔，二话没说按标价买了这两辆自行车，并为它们起名“小黑”和“小白”。

丈夫特地给小轿车安装了自行车架，以便携带车子出游。小黑和小白有了做交通工具之外的功用。

平日，我们在国家公园自行车，和行人公用道上步行，觉不出道路的坡度。第一次在公用道上蹬车而行，如果不把变速挡调到最低，就无法蹬车前进。沿途返回，自行车沿着车道飞车而下，像高山滑雪一样直冲坡底。这时的自行车宛若身体里长出的翅膀，带着我在空中遨游，又宛若降落伞，带着我从云端滑翔到山岗，我情不自禁地放声欢呼，随风歌唱。

“老妇聊发少女狂”，今夏一次外出骑车，忽遭遇一场倾盆大雨，我不仅没有避雨，反而一直冒雨前行，像十七岁那年，跟同学在雨中蹬车一样，心儿是年轻的太阳，快乐又活泼。那一刻，我仿佛回到了从前：儿时挑战自己，学会骑车为家里买菜，做父母的好帮手。如今，我蹬车行走在河边、湖旁、林间、农场，观看不同的景色，享受不一样的风光，成为女儿眼里不断挑战自我的母亲，发挥少年时代练就的骑车童子功，潇洒又健康。

天地万物皆有情

八十年代末，我初出国门，以陪读身份到加拿大蒙特利尔，与在麦吉尔大学读博士学位的丈夫团聚。那一年，从物质到精神对我产生强烈冲击的事物，写在笔记本上，存放一堆儿，大可抬它几箩筐。随着时间的推移，那些写在纸上的字大多已褪色了，而在大脑皮层留下深刻印象，特别在感官上受到刺激的场景和人物，是我之前闻所未闻的 Halloween——万圣节。

尽管在万圣节来临前，陶同学给我描述过节日的情景，并提醒在当天见到装扮成巫婆、骷髅之类的怪物行走在街道上的时候，别害怕，让我心理上有所准备。但是，当身临其境时，还是令我感到匪夷所思，顿时惊愕失色，拔腿而逃。

10 月 31 号，传说中的万圣节夜晚降临了，天空被黑云遮盖，寂静阴森，麦大学生会组织的万圣节活动徐徐拉开了帷幕。我和陶同学并肩行走在通往学校的路上，一种恐怖的气氛笼着我们，环顾四周，只有孩童们手中摇晃的南瓜灯，一闪一闪地出没在街区。

一路上，时不时有成群结队的年轻人从我们身边飘过，有的披一件黑斗篷扮成红发掩面的魔女，有的戴狼头盔套狼爪子发出狼嚎，有的把脸涂抹成白色露出血淋淋的大牙扮成吸血鬼，有的穿着绿色蛇形服装发出咝咝的响声，窜出窜入街边小店，嘴里念念有词: “trick or treat。” 热闹中带着诡异。

我被眼前的情景吓得双腿打颤，紧紧地抓住陶的胳膊，慢慢挪动脚步，把身体转向回家的方向。进得家门，我迅速把门碰上，扑倒在沙发上，把身体蜷缩成一团，顺手用薄毛毯裹住了全身。这时，书桌上的电话铃声大作，我惊魂未定地喊陶去接电话，他拿起话筒听出我表姐的声音，寒暄了两句，就顺手把话筒递给了我。

表姐一开口就问我头一次过这种节日的感受，我大惑不解地说："这不就是鬼节吗？怎么能让牛鬼蛇神自由泛滥呢？"她温和地说："万物皆神圣，牛鬼蛇神也属于万物的一份子，今天就是俗称的万圣节嘛。"我义正词严道："那也不该由它们兴妖滋事到处吓人嘛。"她笑嘻嘻地说："这是人鬼之间的交情。你看那些住家草坪上插的牌子上不都写着 R.I.P 安息字样吗？给他们糖果，他们就安息了嘛。只有敬畏天地鬼神，与它们和平共处，世界才安生。"我停顿了一下，心里嘀咕：她这个学生物搞科研的人，啥时候变成哲学家了。显然，表姐出国留学三年，对万圣节种种现象已经见怪不怪了。

我从瓦尼尔学院幼教专业毕业后，做了幼教老师。幼儿园每年都搞万圣节的各种活动，从带着孩子们去农场摘南瓜，到师生一起动手做南瓜灯，从制作手工蝙蝠，到巫师帽，再到蜘蛛木偶戏，和化妆集会，孩子们兴高采烈幻想无穷，沉浸在节日的气氛里，没有恐惧，没有惊慌，各个都愿做天地一萝卜头。

在我儿时的记忆里，人人谈鬼色变，鬼怪和死神是十分忌讳的词，妖魔鬼怪都是祸害，必须把它们打翻在地再踏上一只脚，让它们永世不得翻身。自从我做了幼教，在跟幼儿一同学习制作南瓜灯的过程中，才慢慢的认识到：万物生长，各有各的地界，各有各的轨道，一出轨，就会酿成灾祸。牛鬼蛇神加入万圣节的人流本无恶意，但商家大肆制造恐怖怪装，吓哭了幼童，娱乐圈儿有演员张牙舞爪夸张演唱，连鬼怪都面面相觑感到情何以堪。

又是一年万圣节，看着街区不少人家门前的节日装饰：稻草人儿手拿玉米秆儿站在南瓜灯前，用苹果梨子和枫叶做成的花环门挂，树枝上悬挂着硬纸片做成的蝙蝠，我一手拉着三岁的外孙子，一手指着树枝上的蝙蝠说："宝宝你看，这是万圣节的装饰物。"他看着这阵势笑笑，没有恐惧，没有胆怯。万圣之夜，他装扮成一支彩色的蜡笔，在他爸妈的监护下，跟着装扮成奇形怪状的邻居小伙伴们，去亮着南瓜灯的住户，高声喊着："Trick or treat."。欢笑着接过房主递给他们的糖块，兴冲冲地回家，把得到的糖块分类，眼睛里闪着天真无邪的光芒。

时有电视新闻报道，万圣节孩童要到的糖果里藏有危险品，但阻止不了装成精灵的孩童去要糖。人面兽心的发糖者，披着狼衣奋不顾身抢救倒地老者的善心人，人与鬼，善良与邪恶同在一个地球上，人世间温情、爱情、恩情；凶情、仇情、恨情，遍布在人类活动的各个角落，天地万物皆有情，我们行走其间，看多彩的世界，感受万事万物之真情。

瘟疫下的圣诞节

瘟疫——COVID_19，在人类毫无戒备的2020年新年伊始袭击了整个地球。

谁料想平日里，从中世纪就开始流行的社交活动中礼节性的握手，竟跟传播病毒扩散瘟疫的途径挂上了钩，更别说亲朋好友之间的吻面和拥抱了。一时间人与人之间保持两米距离，成了新的社交规范。

瘟疫COVID_19花冠状病毒，如多米诺骨牌里最小的那张牌，它以人眼看不见只有几十纳米的身长，撞了一下排在它前面的人类共同体骨牌，瞬间，原先井然有序的骨牌一个推着一个相继倒下，引发了前所未有的世界大灾难：病毒的感染率和死亡率，与任何聚众活动成正比飙升，几乎所有服务行业都停止了运营。

每每听到电视新闻频道播放受瘟疫重创的地区和行业时，我都会在心里对播音员说："最受伤害的是人类唇齿相依血脉相连的感情。没有了亲人之间的接触，就如同咫尺天涯生离别，没有了好友之间地走动，就如同孤独寂寞的毒素侵蚀了心灵。"

2020年圣诞节，是我移居加国三十年来，从未经历过的一个充满了悲哀和感恩的圣诞节。在瘟疫的笼罩下，蒙城人脸上呈现出不能与亲人团聚撕心裂肺的痛苦表情，蒙城人用骨子里对亲人的爱，感受生命的美好，寄托生活的希望，呈现出独特的感动天地的亲情方式。

虽然疫情猖獗，但大多数商店橱窗里都有醒目的 NEVER STOP CELEBRATING 的字样。戴着口罩的顾客，都热情洋溢地为心爱的人精心挑选钟爱的礼物，戴着口罩的店员，都热心为顾客解答问题做全程服务。红红绿绿的圣诞节装饰像一道希望的烛光，点亮了蒙城人心头的希望，再恐慌的日子蒙城人都仰头挺胸，带着仪式感庆祝自己心头的节日。只有庆祝节日的仪式感不断，才能延续我们的感情生活和对生命的尊重，才能把人类最本能的爱一代一代传下去，直到地老天荒。

自魁省省长宣布圣诞节期间无论亲朋好友，或者俱乐部和公司，都不能以任何形式搞聚会之日起，我的女儿们就在想：怎样才能既不违反省里的规定，又能与父母一起吃一餐庆节日宴，以此来庆祝圣诞元旦两节，以此表达对父母的感情。

从九月份魁省拉响了第二波疫情红色警报后，我们两个女儿各自的孩子就不去幼儿园了，外孙女儿和外孙子就在自己家里，由我们夫妻俩，和两亲家轮流照顾他们。我们夫妇一周分别在两个女儿家“上班”，下班后在女儿家就餐，就顺理成章了。

于是两个闺女利用我们平常照看孩子的日子，精心安排了节日宴。在二闺女家用餐结束后，她问外孙女儿：“我们是不是幸福的一家人呢？”坐在幼儿用餐高脚椅上的外孙女儿一边闪着亮晶晶的眼睛回答“是”！一边把两只手一左一右伸向坐在她两边的爸爸妈妈，女儿一只手抓住外孙女儿的小手，一只手抓住我的手，女婿一只手抓住外孙女儿的小手，一只手抓住岳父的手，我们夫妻俩抓住对方的手，围成了一个圆圈，大家不约而同地唱起我们是幸福一家人的歌。当我们唱到“I love you, you love me, we are a happy family, with a great big hug, and kisses from me to you.”的时候，我的眼泪顺着面颊流悄悄地滑落，流到嘴里热热的，暖心又暖肺。

大女儿两口子为了这顿跟父母一起吃的节日宴，提前两天就开始趁着外孙子睡觉的时间准备饭菜，从头盘开胃菜到主菜，从亲手做的奶酪蛋糕到自制的水果拼盘，从自磨咖啡到自己烘焙的坚果，整了一桌有滋有味的宴席。节前轮到我们老两口照看外孙子时，他们一家三口都着颜色款式一样的圣诞节服装，郑重其事地带着节日的仪式感同我们一道进餐。他们把对父母的爱都融进了饭菜里，都化在了甜品中。

窗外各家门前的圣诞节彩灯，在冷风呼啸的寒夜里发出温暖的光，与Ça va bien aller 的彩虹画交相辉映。瘟疫，挡不住亲人想亲人，挡不住表达爱的心意，挡不住表达爱的方式。

双节期间两个女儿都有两周的假期。12 月 21 号是她们放假的第一天，她俩来电话说节日期间她们既不回娘家也不回婆家，各自在家过这个非同寻常的节日。

每年一进入十二月，蒙城上空就飘荡着此起彼伏的圣诞节乐曲，它带着温暖带着欢乐，回响在蒙城人的心间。每年的这个时节，我都是心怀喜悦盼望着与亲朋好友欢聚一堂。可是今年十二月当空中飘来圣诞节乐曲时，每一个音符都在我心灵的五线谱上发出悲切声音：亲人不能团聚，好友不得相见，这是对人类最残酷的惩罚，这是对人类最无情的打击。

在悲切的音符声中，在形形色色的新规定里，有一股知足感恩的气息，在我的身体里流畅通达。虽然我俩跟女儿们不能像疫前那样吻面拥抱，但我们每天在心里拥抱无数次，用眼睛传递相互之间的关爱，心理上的那种知足感恩无以言表。我们作为凡人无法预知天灾，也无法预测瘟疫何时离去，却能用感恩的情绪抚慰自己和亲人的心灵。

在瘟疫笼罩下的圣诞节，我们家保持了二十几年在圣诞节的早晨，围坐在圣诞树前打开礼物的传统，不得不改用家庭微信群视频，展现那温馨的时刻。在瘟疫笼罩下的圣诞节期间，我们全家人人尽一个公民的义务，把对亲朋好友的爱藏在心底的最深处。不能聚会，就在视频上打个照面，感恩我们一路走来，相互关心相互爱护，在这个非同寻常的节日里为他们送上真诚的祝福：祝愿大家健康平安！待到云开疫散之日，我们相拥在彩虹下，相拥在大地上。

其实它变了味儿

蒙特利尔素有北美小巴黎的美称。无论从其老城那些颇具巴黎风格的建筑，还是四溢飘香的法国大餐，也无论是街道排列，还是那些操着一口魁北克腔法语，进出石雕嵌门框雄伟大楼的白领。乍一看，确有置身巴黎的感觉。

法国，法语这两个名词，是我刚上小学时从邻家姐姐的书里知道的。有一天她悄悄把我叫进她家，手指一本精装书，告诉我，书中的图片是法国巴黎的凯旋门，法语是世界上最准确、最动听的语言。时值无产阶级文化大革命，刚上小学的我，对法语这种最动听的语言产生了一种莫名的向往。

没料到，随丈夫出国留学，竟然是到了一个讲法语的省份——魁北克省的蒙特利尔市。想到能亲耳听到最动听语言的那一刻，我心中充满了激动。

当我来到蒙市，在简陋的出租屋打开电视机，听到当地法语台的节目时，顿时被拖着长腔的语调和坠音，打破了所谓“最动听的语言”的神话。我疑惑地问获得巴黎大学博士学位的朋友：这电台里说的真是法语？他说：这是魁腔法语，是变了味儿的法语。

法语，由于它繁复的语法结构，和严格的动词变位，以及名词介词的属性等，只有经过系统学习的人，才能掌握并运用。所以，在只有王权贵族能上得起学校，并接受正规法语教育的年代，凡是能听、说、读、写法语的人，就与高贵和文雅划上了等号。欧洲所谓的上流社会圈子，都以能说一口标准漂亮的法语为身份和地位的象征。

上溯十七世纪初，法国人就在圣劳伦斯河建立了永久性殖民据点，到十七世纪中叶，把魁北克作为其殖民地，大批法裔移居魁省，虽然英法两国争夺地盘的战争持续数年，最终英国人取得了胜利，但法语在魁北克占了绝对优势。为了巩固和扩大法裔的地位，凡移居魁省的移民，都必须上法语学校。

脱离了法国本土的法语，随着舞枪弄棒，和探险经商的人群移植到了魁北克，此法语不再温文尔雅，它自成一体，和现代法国巴黎的标准口音相比，它在这里变了味儿，形成了魁腔法语。

变了味儿的法语，孕育了自己的文化和思想，教育了一代又一代加籍法裔，以及加籍各种族裔的人群。

虽然魁省的省旗，中心的白色十字架，取自古代法国王室旗帜，表明了魁北克与法兰西文明不可割舍的情缘。但是，魁省人的价值观、审美观、行为方式、生活理念，不仅与法国王室背道而驰，与巴黎的时尚也格格不入。

我的同事中，有许多是法裔，从那些70后和80后的年轻人身上，从她们的思维方式和行为方式中，可见变了味儿的法裔集体之一斑：她们大多数抽烟，并嗜酒，还有一些人纹身，凡是单位组织的节日聚会，她们都会放爵士乐狂舞，伴随着音乐相互爆粗口。

年轻人的这种狂躁情绪，表现在各种场合。在我们与朋友曾经联合开办密室逃离实景游戏店接待的客户中，有几起被我们拒之门外的客人，均为法裔。原因都是他们不遵守电脑设计的预定程序为自己预定游戏场次，可是他们打电话预订，一上来就先爆粗口叫骂。我丈夫夫用在法语班学来的魁腔法语义正词严地告诉他们：我们店不欢迎他们这种不文明的顾客。

变了味儿的法语，也孕育了朴实的法裔，他们摆脱了王公贵族的等级差别，不再拘泥于阶层的尊卑贵贱，养成了热情好客，和率真单纯的性格。

我们开车去魁北克北部旅行，无论是在餐馆就餐，还是在旅店住宿，总有热心的法裔主动前来打招呼，并问能否给与我们帮助。

最令我难忘的是我们家住 LaSall 时的法裔邻居 Linda，她是我大女儿同班同学的妈妈。初识 Linda 时，我家刚刚搬到 LaSall，我一句法语也不会说，对周围的环境俩眼儿一抹黑。Linda 不仅用她带着魁腔的英语，领着我熟悉周围的环境，还经常带着她女儿和我女儿一起参加社区的各种活动。在我们聊天儿时，我无意间说到喜欢一种法式汤，Linda 不仅把亲自做好的汤送到我家，还把做汤的配方翻译成英文打印出来一并带给我。一改法语高高在上开口看人低的架势。

我的小女儿生长在蒙特利尔。她上大学的第一年暑假，与三位高中的好朋友去欧洲旅游，在巴黎逗留期间，她所到之处都被巴黎人认定为魁北克人，并调侃她那一口魁腔法语。我女儿每每昂头告诉他们："我是来自魁北克，我为自己能说一口流利的魁腔法语感到骄傲和自豪。"

变了味儿的语言，有它变味儿的条件和原因，变了味儿的文化，有它变味儿的土壤和环境。存在的就是合理的，这话说得大概不错。

同根的语言发展出不同腔调的语音，说不上是正宗的更好，还是新生的更佳。同祖宗的文化根系延伸出不同的价值观念，说不上是传统的更好，还是现代的更妙。

徜徉在蒙特利尔市老城的街道，看着好些古老建筑的内部，被装修成时髦的美容美发馆，大有变了味儿的巴黎之感。

历史的时空中，唯有岁月不可穿越，一任各种事物变味儿前行。而我们，随着它的变味儿，保持内心的平静，咀嚼各种味道，取其精华，去其糟粕，笑看云卷云舒。

年年圣诞节

每年一进入十二月，蒙城就有了浓郁的圣诞节色彩：大大小小的商店和酒店，都披红挂绿。屈指一算，今年是我移居蒙特利尔后迎来的第二十六个圣诞节。

又是一年圣诞节，对于非基督教徒的我来说，它全然不含宗教色彩。它是一种气氛，一种在英法裔文化占主导的城市里，找到自己的归属，并与全城人共同欢庆节日的友善气氛；它是一种心绪，一种在异乡思亲，并享受移居小家庭的亲情，和他乡遇故知建立深厚友情的心绪；它是一种希冀，一种在祈祷幸福平安的时刻，心底里升起的美好祝愿和希冀；它是一种多元文化，一种东西方文化在移民的精神生活中碰撞交融，不断领悟其中真谛的多元文化。

在蒙城，这种圣诞节期间多元文化的交融无处不在。我们幼儿园前厅的圣诞树上，挂满了各族裔家长捐献的崭新手套、围巾，和帽子，树旁的捐献箱上，醒目地写着：全部捐赠物将被送往市儿童医院。这些挂在树上的衣帽每一件都充满了爱心，每一件都体现着人间的真情。在这棵圣诞树上，圣诞节已经成了传递爱心和友情的代名词，人们自觉自愿地沉浸其中。

如同蒙城人每年都盼望初雪的降临一般，在十二月蒙城空中此起彼伏的圣诞音乐飘扬、在主要商业街路灯悬挂着形状各异的彩灯闪烁下、在提着大包小包穿梭在购物中心的人群旁、在孩子们捂着装扮成圣诞老爷爷的耳朵诉说圣诞期望的耳语里、在公司或学校迎接圣诞节聚餐的碰杯声中，蒙城人带着欢声笑语和喜悦的心情，期盼圣诞节的来临。

琳琅满目的商店橱窗中，Ste-Catherine 商业街上，OGILVY 店自 1947 年创立的电动 Mill in the Forest 橱窗，成了蒙城圣诞节期间的一个标志和风景点，它吸引了十里八乡成百上千对橱窗充满惊喜和着迷的儿童及游人，配上上个世纪末坐在橱窗对面的木勺敲击乐手，大有加快圣诞节来临的节奏和步伐。十二月份每次我上班路过此处，都会情不自禁地驻足观赏橱窗，倾听那随着各种音乐变化的木勺敲击乐。观赏乐手灵活的手腕，不知被那上下飞舞的木勺敲走了多少岁月，敲来了多少梦想，此刻，圣诞节化作了音乐和欢笑，迎来送往那些匆匆的游客和忙碌的身影。

匆忙的脚步，踏在雨雪交加淤积在街道上的雪泥和积水里，趟水而过的人们，似乎来不及择路，顾不上抱怨，便走向各自的目的地。街上的男女老少坦然地谈笑着，热情地奔向挂满圣诞节装饰物的店铺，采购心仪的礼物，怀揣期待的惊喜和爱意，为圣诞节的来临奔忙。

记得我头一年在蒙城遇见圣诞节时，心里觉得这个节日跟我没有关系。当西人同事问我“你们过圣诞节吗？”我回答说：“我不是基督徒，圣诞节是你们信教之人的节日。”

如今，我也迈着匆忙的步子，跟着上下班的人流、跟着出入购物中心的人群，为圣诞节的来临忙碌着。想到圣诞节期间与亲朋好友欢聚、为他们送上节日的祝福和礼物，我的脚地生风，步伐欢快而轻松。圣诞节这个节日于我依然没有宗教的成分，却于我息息相关，并生活在其中。

传说中，圣诞老人来自北极，他是驾着鹿拉的雪橇，给孩子们送礼物的。有一年我们全家去美国佛罗里达过圣诞节，南方不飘一片雪花，圣诞老人驾着雪橇的身影却随处可见。无论是南方还是北方，也无论是东方还是西方，圣诞老人的雪橇是形式，送的关心与爱护是其真谛，圣诞节体现的关爱植于普通大众的心里，其乐融融。

一年又一年，东方在变，西方也在变，不变的是人间的真情。南方在变，北方也在变，不变的是人间的温暖。

又是一年圣诞节，它带着真情，带着温暖，来到人间。

那片黄玫瑰

2024年中秋节的月亮，被喻为超级圆月，又恰逢月偏食。看着那轮明月在短短几小时内由圆到缺，我不由得想到苏轼“月有阴晴圆缺”的诗句。随着秋风一天天吹过昨日鲜花满园的后院，我家花园里日渐呈现出月缺花残的景象。

正当我处在叹惜花开花落，有些触景生情的心绪时，我的一位热爱花卉的好朋友，发来一组她拍的自家花园里盛开的黄玫瑰照片，并题名为“最后的黄玫瑰”。看着这一朵朵散发着金色光芒呼之欲出的黄玫瑰，我的眼前一亮，上个世纪六十年代的一幕情景，浮现在我的脑海里。

那也是中秋节过后没几天。有一天下午，邻家姐姐既神秘又兴奋地喊我到她家，说有一样东西给我看。我一进屋她就轻轻地把门关好，迅速从床底下摸出一本彩色画报。她翻到了由一幅幅黄玫瑰图片构成的页面，指着图片问我：“丽丽，你看，这些照片拍的都是黄玫瑰花，你见过真的花朵吗？”我目不转睛地盯着图片摇了摇头。姐姐对我说：“你看，这花瓣柔和的黄色将阳光凝固，为心灵撒下一抹温暖的颜色。”我惊奇这世界上竟有这么迷人的黄玫瑰花，感叹小姐姐说出的像诗歌一般的句子，感慨在山河一片红的小屋子角落里，这几张黄玫瑰的照片点亮了我的视野，那一刻，改变了我被学校老师一遍遍教导而形成的审美观。

这本画报上的黄玫瑰图片，像一颗种子在我的心里生根发芽，它伴着我从故土出发，一路向前。移民后我带着黄玫瑰的色彩，看五彩缤纷的世界。

眼前朋友发来秋日黄玫瑰的照片，让我联想到一部名为《黄玫瑰》的美国电影。

电影讲述的故事很简单：一个叫罗丝的菲律宾女孩，跟随父母非法居住在德克萨斯州。在父亲逝世母亲被遣返马尼拉后，这位长到 17 岁的少女，躲过了美国移民局的搜捕，怀揣成为乡村歌手的梦想，开始了她在美国艰难的漂流生活。

整部影片的画面里，没有出现过一朵黄玫瑰，只是在女孩跟一位当红歌乡村歌手讲述她上初中登台唱歌，之后被同学戏称她为“Yellow Rose”时提了一嘴。

我们华人，在世界人种划分上被划为黄种人，影片里中学生借着黄的谐音，戏称菲律宾女孩“黄玫瑰”。黄玫瑰，没有红玫瑰的耀眼夺目，却以它明亮的色彩承载着丰富的花语：友谊、快乐和新的开始。我们一代代来自黄土地迁移到北美大陆的移民，恰恰体现了黄玫瑰的品格，它在中秋的阳光照耀下，顽强地把根扎进泥土里，以它的淡雅高洁绽放着独特的魅力，发出淡淡的香气，吟唱着接地气的歌。

17 岁的罗丝自己作词作曲唱道：“我永远格格不入，从来都不是赢家，尽管我一次次尝试，这种感觉总是不肯消除，我感觉自己站错了位置，唱错了调子，我就像布满了灰尘酒吧里的一张脏兮兮的天鹅绒座椅，方枘圆凿，不得其所。”这首歌里流露出来的迷茫和无可奈何，不也是我们作为移民的成年人的天问吗？一道永远没有答案的题，一路上下求索的歌。

我们黄皮肤黑头发黑眼睛的黄种人，被戏称也好，被值呼也罢，黄玫瑰，在异国他乡的土地上开放，带着祝福，带着希望。

后院儿松树上的麻雀

搬迁新居的第一天，我就发现，后院儿阳台旁边那两棵挺拔的松树上面，时有成群的麻雀飞闪。叽叽喳喳的鸟鸣声，让人感到仿佛置身在野营的树林里。

享受了搬迁数月每天听后院儿鸟鸣的时光，秋风乍起，吹皱了湖水，吹走了大雁，吹得后院儿的松树左右摇晃。看那些麻雀，随树而动，我担心随着寒冬腊月的来临，冰雪会冻坏它们弱小的身躯，冬日里，后院儿松树上不再有飞闪的麻雀，不再有鸟鸣的欢唱。

深秋，入冬，天气一天冷似一天，刺骨的寒风，伴着狂舞的雪花，皑皑白雪覆盖了大地。蒙城除了有零星家养的鸽子在低空掠过，寒气逼人的天空，没有了昔日百鸟飞翔的景象。看我家后院儿的松树上，唯有麻雀，依然扑腾着翅膀，在挂满雪团儿的树枝间觅食、跳跃，在冬季的天空中飞翔。

难道冬季的松树枝头，真有可供成群麻雀觅食的树种吗？我好奇地趴在落地门的玻璃上，仔细观察麻雀起飞降落的踪迹：它们是衔着碎饼片儿，或米粒儿，从隔壁邻居家的阳台飞落到松树上，然后把食物甩在雪团上，一点儿一点儿地啄食。

却原来，麻雀的食物来自隔壁印度大姐家。印度文化中，天人合一的思想贯穿在日常生活里，一年四季，他们把剩余的食物，撒在阳台上，与鸟儿分享，既不浪费又互生互长，这样，总有鸟来衔食物。但它们却不停留在水泥阳台啄食，而是衔起食物，迅速飞往各自喜爱的树木。麻雀，选择了与邻居家一栅栏之隔的我家后院儿那两棵松树，然后，它们跳跃着，饶有兴致而优雅欢快地啄衔来的食物。

美味佳肴饱餐过后，麻雀飞闪着它们不那么夺目的翅膀，在松树枝之间飞舞嬉戏，叽叽喳喳的鸟鸣声，汇成冬日里最富有生命力的歌曲，为寂静的白雪世界演奏起轻松活泼的乐章。

这鸟鸣声，唤起了我儿时对麻雀的记忆。姥姥管麻雀叫家雀儿，她往厨房前的空地上撒几粒淘米剩下的小米粒儿，就引来麻雀啄食，看着它们叽叽喳喳地飞落在屋檐上，姥姥笑着说：家雀儿，家雀儿，就是恋家啊。

恋家的家雀儿，小麻雀，它不是珍奇名贵之鸟，也没有鸿鹄之大志，却自有它的天地，有它的欢唱。

每次衔来食物，麻雀或两只分享美食，或几只抢食，或一只独食，都尽情享受得到食物的快乐，和啄食的快感；都尽情发挥它们生于树木，活在林间的天性，在树枝上忙和着进餐。它们吃好玩儿好之余，对我家阳台周围的环境也充满了好奇。

某日，我和丈夫摆好茶具准备品茶，一只麻雀飞落到后院儿阳台上摆放的庭院专用桌角边，斜探着身体，歪着脑袋，透过落地门的玻璃，往里观望，我刚好跟它对视，它立刻露出一副被发现的萌态，鼓起脖子上的羽毛，拍打着翅膀，可爱至极。

翅膀，带着鸟儿与我们人类亲近，却又独立于人类而自由飞翔。这群麻雀，即使有印度大姐家阳台上一年四季提供的食物，也阻挡不了它们刨食泥土里的蚯蚓，啄树叶上的虫子，把单调琐碎的日子，过得精致又有滋有味儿。

我心想，这么舒坦的生存环境，该不会有森林中的危险和搏斗吧。直到我目睹了雀鹰和野猫捕捉麻雀那惊心动魄的一幕，才理解了麻雀为什么不只贪恋现成的食物，始终都保持飞翔觅食的本领，练就抗严寒守树木家园的本性。

一个阴雨的冬日，几只麻雀正在松树上嬉戏，突然有一只雀鹰俯冲松树，试图抓捕麻雀，受惊的麻雀钻进松树丛逃命，刚躲过袭击它们远去的雀鹰，准备钻出树丛时，一只野猫跃上阳台护栏扑向了松树，就在它伸出爪子够麻雀时，鸣叫的麻雀一起飞向了天空。好悬呀！这瞬间上演的鹰捉鸟，和猫捕麻雀，把我看得心都快飞出了喉咙。

几个小时后，麻雀又成群飞落在松树上。听着它们叽叽喳喳的鸣叫声，看着它们若无其事的模样，我在想：如果这群麻雀只贪恋人类为他们提供的食物，而忘了自身飞翔觅食的本性，当突如其来的天敌袭来，它们还有能力飞离险地，还有体力抗拒深冬的严寒吗？如果这群麻雀总是疲于奔命，缺吃少喝，它们还会在树上玩耍、探索周围环境而萌态十足吗？

五脏俱全的小麻雀，道出了生命的酸甜苦辣咸，那有力的翅膀带它飞向高空，看天宽地阔寻觅心里的甜滋味。

愚婆开荒

中国有个寓言叫做愚公移山，说的是一位老公公家门前有两座大山挡住了他家通向外界的路，他就下决心每天挖山不止，被邻居称为愚公。愚公坚信再高的山挖一点就少一点，总有一天会被挖平的，于是感动了上帝，上帝就派神仙下凡搬走了那两座大山。

人家愚公挖山与自己的实际生活息息相关，说愚他可是一点都不愚呢。而今我做起了愚婆，每天开荒不停，不为种庄稼，只为那能带来赏心悦目的前花园和草坪。其实我本不属于愚婆那类的人，只因新买的房子前后院先天条件惨不忍睹，看着它就如同愚公看着门前的大山，这才萌发了我做愚婆的念头。

我们两口子同是双鱼星座，堪称双愚，在朋友圈子里都知道我们常干不着调的事情，就连买房子这么大的事情都不知道一定要全面考虑、仔细观察，结果拿了房子的钥匙后，才看清前后院只有杂草没有丝毫的花园迹象。双鱼星座骨子里的浪漫其能容忍我与杂草共生与荒芜共舞！浪漫自有浪漫的情怀，一个充满愚蠢而可爱的想法让我实实在在地向愚公看齐了，不是吗？杂草挖一点就少一点，挖走了杂草我不就可以在这片土地上绣花坛、铺新草了吗！带着梦想，我扛着铁锹走进了前院的杂草丛。从此，在夏日的傍晚和周末的清晨，我们的街上多了一道风景——一个愚婆一铁锹一铁锹地挖杂草，开垦着这片在四里八乡都闻名的贫瘠土地。

看着我大汗淋漓地挥动铁锹，我的小女儿对我说：“妈妈，你每天都下地干活儿简直就象个农民。”我笑着对她说：“农民干活儿是在土地里刨食，有收获的喜悦，但更多的是辛苦的劳作，而妈妈是在土地里刨快乐，付出辛勤的劳动，但更多的是赏心悦目。”

说归说，做起来就没那么简单了。您可千万别以为加拿大的土地都是肥沃的黑土，一铁锹下去翻出来的是泥土的芳香。这里的房屋开发商在建房子的时候，除了地基以外还在空地上铺了很多的石子。他们先铺石子，然后再铺泥土和草坪。我这一铁锹铲下去十有八九是碰撞在石子上，开荒的速度比老牛拉破车还慢，引得晚饭后散步的邻居，个个都流露出既觉得我勇敢傻愣又无可奈何的神情。

一铁锹一铁锹，杂草在渐渐消失，我必须赶在秋天来临之前铲完前院全部的杂草。有一天，我正干得起劲儿，对面的邻居大叔朝我走来，他神秘兮兮地问道：“你好象住进这幢房子不到一年吧，你这么费劲地铲杂草一定是要换新的草坪，准备卖房子吗？”我不解地问：“我是准备换新的草坪，但是您为什么觉得我要卖房子呢？”他神色严肃地说：“整好草坪是会为房子增值的，你如果不卖房子就没必要费这么大的劲来整理它。”这回是我笑眯眯地对他说：“我还真没想到整理花园可以为房子增值呢，我只是想改善院子里的环境，自己住一天，就打理一天，享受一天（看看，双愚的不实际又体现出来了吧）。”他点点头若有所思地走了。

好不容易铲除了全部杂草，正当我兴高采烈地向朋友报告这一消息时，她告诉我，这地要翻三遍才能把草根彻底清除，才有利于铺新的草皮，我一听就彻底傻眼儿了。因为就在前一天我的街坊闻讯赶来参观我翻的土地，我还充满信心地对他说我马上就大功告成了，接下来就可以平整土地、施肥、铺新草皮了。我的天哪！还得再翻两遍，这要到何年何月啊。还没来得及喘口气儿，我就进入了第二次翻地的程序。看来，这严酷的现实，和双鱼座的梦想，相距十万八千里啊，这愚婆还真不好当。

终于，我这个愚婆开荒不止的行动，感动了对面的邻居大叔。正当我第二次深挖土地时，大叔乐呵呵地朝我走来说他家有一台手扶电动开垦机，他愿意帮助我，用他家的机器翻我家前院的土地，我欢呼雀跃地接受了他的助人之举，并向他表示感谢，谢谢他的友好和帮助。看着那开垦机在大叔的操作下带着石子和泥土翻腾，我的心里乐开了花。大叔手扶着电动开垦机前后左右走了一圈，大约用了半个多小时的功夫，一行行被深翻的土地就来了个底儿朝天，全妥了！

土地一开垦好，我就实施了设计花坛、铺草皮的行动，仿佛是转眼之间就从天边飘来一个花园：绿绿的草坪、形状各异的花坛，满园的鲜花和绿树交相辉映，看着自己的劳动成果，我这个愚婆心里美滋滋的。

接下来出现的情景是：邻居直接受了我这个愚婆的影响——对面的大叔没打算卖房子，他也开始带领全家老少翻地除杂草。隆隆的机器声响彻左邻右舍，我和大叔在这机器声中会心地笑了，他受了感动来帮助我翻地，而这种感动影响了他的居住理念：那就是自己住一天就精心打理一天前庭后院，享受跟泥土打交道的乐趣和摆弄园艺的心绪。

愚婆开荒，不为别的，只为自己和大家带来赏心悦目的快乐：量身打造自家的花园、陶冶性情、修身养性、锻炼身体、美化环境，还带动了邻居，没准儿一不小心还真为房子增值添了增值的分儿。

看来我这个愚婆当得蛮值得的。

瘟疫下的 André-J.-Côté公园

COVID-19——瘟疫，在人类毫无戒备的 2020 年新年伊始，袭击了整个地球。它的致死率，和防不胜防的传染方式，大有把人类至于万劫不复的架势。隔离、封国，一时间，七大洲各国在惊恐中乱作了一团。

瘟疫从冬季蔓延到初夏，没有减弱的趋势。也许每年的五六月，当杨柳絮在空中漫舞，落在蒙城的各个角落时，我正苦于花粉过敏，没有心情见识它的魅力。疫情致使我身体的每个细胞几乎都被调动起来忙于抗疫，今春居然没有花粉过敏的症状，这倒是让我有机会细细的观察杨絮和柳絮的真容。

当杨絮柳絮随风飘洒时，宛若飞雪。毛绒绒的絮子铺盖在草坪上，仿佛薄雪压青草，毛绒绒的絮子铺盖在大河边，仿佛是流动的白雪。在温疫的笼罩下，看到这般情景，不禁令我心生寒意。在蒙特特里尔近郊 André-J.-Côté公园里，那一片片在冬季里傲然的松叶，也被柳絮紧紧地粘住，难以呼吸，像感染了 COVID-19。

然而，就是在这种：人与人之间保持两米的社交距离、维护社区 Bubble 的情势下，我看到 André-J.-Côté公园里那些满怀希望的蒙城人，按部就班地做着各自喜欢的事情。

足够大的凉亭里，一位弹着电子琴的男士，带领一班男人女人在排练歌曲。这一小组合唱队员交错而坐，按照弹奏兼指挥男士的示意，分声部唱出了重复多遍的 HALLELUJAH 之声，我俩驻足凉亭前，情不自禁地合着曲调跟他们一起唱出HALLELUJAH，尽管我们不是基督徒，但是他们的歌声感染了我们夫妻和所有途经凉亭的人，他们或席地而坐，或放慢了脚步倾听这歌声，庄重又和谐的声音让人们几乎忘记了身在疫区，新闻报道里每天都播报着新增的病例，和不太乐观的第二波回潮的预测。

环顾公园的四周，几乎每个野餐桌上都摆满了食物，围着桌子三五成群的亲朋好友们边吃边聊，时有欢声笑语随风灌耳，我顿时心生感动：在瘟疫面前，蒙城人带着他们生就的骨子里抗严寒的性格，顽强地生活在它的包围中。

我们沿着熟悉的公园小路向凉亭对面的户外剧场走去，发现沿途开放式画廊没有因为温疫而停止画展，一幅幅醒目的极具蒙城特色的画排列成行，给特殊时期的公园增添了一份温馨和向上的力量。

突然，从户外剧场方向传来了一阵健美操韵律的音乐声，我俩疾步寻着音乐声走去，原来是公园在夏季组织的每周一次健身活动。快到户外剧场跟前时，我被眼前的景象给震住了：

公园依地势修建的梯田式观看台上（前端为石头，后端为草坪），每一层都每隔两米安放一个彩色的圆盘，每一个圆盘后面都站着一位舞者，每层圆盘的颜色都不一样，从侧面望去，分别是赤橙黄绿青蓝紫的颜色，活脱脱构成了一道立体的彩虹。如果此刻有飞机从此地经过，飞行员会疑似彩虹落André-J.-Côté，他得揉揉眼睛才能反应过来这大地上的彩虹，是富有生命力的象征。

再看舞台上，一位健美的女子随着强劲有力的乐曲节奏，舞动着胳膊和腿脚，她带领着站在阶梯彩虹上的众人做着一套又一套健美操。

年初瘟疫肆虐蒙城时，一夜之间人们不约而同地往自家的窗户上，贴上了各种不同的彩虹图案，看到那些充满稚气的幼儿图染的彩虹，和彩虹下面的法文Ça va bien aller。（一切都会好起来的）这让我想到故乡的老百姓，无论在大灾之年还是大丰收之年，农历新年家家户户都会在窗户上贴上窗花，希望新年风调雨顺，国泰民安。我的泪水流进圣劳伦斯河，汇入那生生不息的生命长河里。

自从瘟疫袭来，公园社区活动中心旁边的休息区，设立了一个带门框的捐书架子，供捐献者和阅读者使用。一位女士，专程开车捐书，把书摆放好，迎着太阳驱车离去。公园附近工厂的一群小伙子，带着午餐来公园就餐，边吃边聊笑声阵阵。一个乞丐伸出援助之手帮游人抬餐桌。从他们的身上我看到了生活的希望。

瘟疫可以造成无数人的死亡，却无法毁掉人的希望。人类在希望中走到了今天，也在希望中积极的演唱、健身、阅读、享受大自然的馈赠。企盼 COVID-19 的结束，企盼人类相拥在彩虹下，相拥在大地上。

秋日里的一壶红茶

对茶最早的记忆，来自我天真烂漫的童年。

那时，我们家住在妈妈就职中学家属院儿的平房。一到夏日，晚饭后我家住房和正对面厨房之间一小块空地摆放的小方桌上，那搪瓷茶盘托着的茶壶就飘出了茶香。

我跟一群院子里的小伙伴，在繁星下疯玩儿到回家睡觉时，经常会感到口干舌燥，每次遇到这种情况，平时滴茶不沾的我都会忍不住喝茶杯里的茶根儿，几口下去，解渴又消汗的茶水，犹如甘泉一般。茉莉花茶，好甜好香。

十七岁那年，我告别父母独自去闯荡世界，母亲特意挑了一个小巧的茶叶桶，装了满满一小桶茉莉花茶，并把它郑重其事地放进了我的行囊。从此，无论我走到哪里，行装里总有茶叶桶相伴相依。

当我第一次自己去茶叶店买茶时，才知道茶叶的种类多不胜数。却原来父母是舍不得花钱买名贵的茶叶，总是喝物美价廉的茉莉花茶。

而我在茉莉花茶的熏陶下，养成了喝茶的习惯，随着生活的变化品尝国内外名茶：从国内的安溪铁观音茶、云南普洱茶、西湖龙井茶、洞庭山碧螺春茶、信阳毛尖茶、福鼎白茶、君山银针茶、黄山毛峰茶，到台湾的冻顶乌龙茶；从国外的斯里兰卡坡顶山红茶、日本的玉露茶、到韩国的大麦茶。这些名茶各有各的香醇，可在我对茶叶的记忆深处，还是那份悠悠的茉莉花茶，花茶里有妈妈的味道，花茶里有妈妈作为一名普通中学教师“宁可食无肉，不可饮无茶”清贫生活的印记。

出国前我几乎不怎么喝红茶，闻一缕清香又淡淡的绿茶味道，生活中令我糟心的事就会随着茶杯里冒出的热气飘去。在那些奔波劳碌的日子里，忙里偷闲，星期天的下午，沏一杯绿茶，捧一本小说，伴着写字台上那盆迎着阳光的文竹，就着茶看书，心里那个美呀，美得心旷神怡，美得泰然自若。

大概是因为我从小就生长在四季分明的城市之缘故吧，移居到蒙特利尔这座一年里几乎有半年是冬季的寒冷城市，每当深秋时节，一想到那狂风暴雪冰雨交加的冬天，就不寒而栗。不知从何时起，我对秋日里泡一壶红茶产生了浓浓的情意。当萧瑟秋风四起，天气一股凄凉意，坐在客厅洒满阳光的沙发上，人立刻就有了泡一壶红茶的愿望，手捧一杯热气腾腾的红茶慢慢品来，真的是暖胃、暖身，顿时就驱散了寒意。独自喝红茶是安静的，把茶杯从茶几上拿起来放下去，悄无声息，安静是这样叫人心动。邀上三五个知己一道喝茶，你一言我一语品着茶，这茶就有了独特香气而有滋有味儿，更觉得茶可陶情适性了。

萧瑟秋风今又是，一壶红茶暖心间。当枫叶落满地秋意正浓时节，找了一个周末，我们夫妻俩约了几位交往多年的老朋友，喝秋日里的一壶红茶。好友围着茶几而坐，谈天说地，聊轶闻趣事，大家在一起喝的就不仅仅是一杯普通的红茶了。

在异国他乡生活了几十年，我早已把多年的挚友视为了兄弟姐妹，而浇灌这情义之花用的就是一壶又一壶的茶水，我家茶壶里装的是满满的手足情，一杯一杯喝在朋友的口中，融化在朋友心里，杯杯都是真情。

风风雨雨的日子里，是这些兄弟姐妹们为我们遮风避雨，狂风暴雪的季节里，是他们为我们送炭取暖，帮助我们在移民的路上赶走了严寒、赶走了孤独，赶走了无助。都说那茶水又淡又凉，要我说只有像我们这样一群珍视友情的同路人，方知道这个中滋味的醇厚和不同寻常。

记得我们刚移居蒙城，我在工厂打工，下班铃声刚落，就匆忙赶到夜校上英语课，我几乎每天都是拖着疲惫不堪的身体挪回家里，丈夫总是默默地为我沏一杯热茶，递到我的手里。每次一闻到茶香，我就像闻到了妈妈泡茶的茶壶里飘出的味道，喝一口，身上的倦意顿消，人也仿佛从昏沉中苏醒了一般有了活力。丈夫看着我渐渐活泛的神态，不禁大发感叹道："没有茶，这日子就没法过了。"

茶，华夏子孙生活中不可缺少的饮品，茶香里有说不完道不尽的品茗佳话，有不言不语形态里的自然而然。老朋友们甭管是回国买茶，还是得到馈赠的茶叶，都会"见一面儿分一半儿"，与大家分享饮茶的愉悦。就连我的一位意大利中国半通老哥儿们儿，每次从中国回来都给我们带茶，而且总是煞有介事地说，同样的茶在我家跟我们一起喝的味道特别地道，而他独自在家喝就少了滋味。这茶水浸润了不同文化的土壤，随风飘散出浓浓的茶香。

我的双胞胎女儿们生在黄土地，长在黑土地，对她们的父母在炎热的夏天泡一壶热茶，慢慢细品的举动感到十分困惑。还常常调侃道：渴了热了不喝冷饮，喝热茶！喝热茶！！在热茶的熏陶下，她们一天天长大，无论是大汗淋漓刚离开足球场，还是刚风风火火骑车回到家里，俩闺女都会沏一杯热茶。解喝热茶之惑的不是父母的教导，而是茶叶茶香渗进了她们的大脑。

二女婿是土生土长的法裔，无论对咖啡还是红酒他都头头是道，说到茶就显出一脸的无知。他见二女儿端起冒着热气的茶杯那副美美的神情，禁不住凑上前闻一闻，那份清淡安稳了他的情绪。日复一日，“喝茶”成了他仅会说的几个汉语词汇之一，并以他仅有的对茶的了解，到蒙城有名的茶叶连锁店DAVIDsTEA，买茶叶送给岳父岳母以表心意。只要我们全家聚会，茶水是第一饮品。

无论是英式下午茶用颇为讲究的茶具，还是日本茶道繁复的仪式，也无论是在高雅的茶馆，还是在简陋的茶摊儿，茶都以它的无私、孤洁、清净、大度、平和，奉献给世人。

经过多少事，喝过多少茶，我慢慢的悟出，最香醇的茶，不是标有昂贵的价格，和精美的包装，而是跟亲朋好友一道分享，一道品尝。都说秋天是收获的季节，农民喜看金灿灿的南瓜，和红艳艳的高粱，而人到中年的我，在喝茶的路上，收获的是浓浓的亲情和真挚的友爱，是连山连水连根的茶情。

如今，在寒冷之国与好友一道饮秋日里的一壶红茶，不仅仅是暖胃、暖身，更是暖心、暖人间最美好的友情。

周六的清晨

蒙城，这座平日里人流熙攘，且充满了喧闹和紧张脚步的城市，只有在周六的清晨，才得以露出她宁静而又柔美的一面。

如果不是我所就职的幼儿园，在周六的清晨 8 点钟，安排我们教职员工上救护课，我可能一直都没有机会，领略这令人耳目一新的周六清晨；如果不是由于公交车在周末减少发车的次数，我可能依旧没有机会经历和体验，这别样的蒙城周六清晨。

2012 年 11 月 10 日星期六清晨 7 点 15 分，当我走出地铁口，眼前一片寂静，路上几乎没有行人和车辆。只听得 St-George's 教堂的钟声响彻云霄随后就恢复了宁静，只看到朝阳透过高楼大厦，洒满了大街小巷，金光万丈。不用赶时间，也不是去上班，我一改往日的装束，在深秋时分，特意头戴贝雷帽，身着过膝呢裙，脚蹬半高跟筒靴，不自觉地放慢了脚步，以一个旅游者的眼光和心态，仔细地走过平日上班时必定经过的每一寸土地。

吸着清晨新鲜的空气，看着周围的一草一木，我才意识到，通往市中心的路原来也可以走得如此悠闲、走得如此高雅、走得如此轻飘曼舞、走得如此赏心悦目。我情不自禁地站在 Peel 和 La Gauchetiere 相交十字路口马路的隔离带上面张开双臂面向太阳，尽情地沐浴着阳光，轻轻地闭上眼睛，宛如乘着热气球在城市的上空飞翔。

记忆中家住近郊的我坐公交车进城就是上班的代名词，只要上班，从周一到周五，每天都是掐着时间急匆匆奔向公交车站，跳下车就迈着近乎小跑的碎步赶往工作地点，赶时间上班就像争分夺秒打仗一般，有时遇到秋季超级大风，顺着风势，脚下的碎步就变成了京剧里频率极快的台步冲进上班的大楼。街道两旁的建筑不曾在我的脑海里留下什么强烈的印象。

而这个周六的清晨，城市的景物像海市蜃楼一样浮现在眼前：晨曦里一道道金光射在市中心几幢现代高楼的玻璃上，反光呈现出多棱的光点，让整个城市都仿佛笼罩在水晶宫里，如梦如幻。我的眼睛被光柱晃得无法睁眼，只得闭上眼睛一任彩虹般的光泽在眼皮上跳跃。

道路上没有了汽车此起彼伏的喇叭声，没有了行人边走边打手机的喧哗声，和站在十字路口等候过街的上班族不小心碰到对方的道歉声，整个城市瞬间就没有了焦躁，顿时就显得从容大度斑驳靓丽了。

三点一线的日子里，我从来都没注意到皇家山是如此的庄严和秀美，它高高地矗立在蒙市中间，使蒙城独具特色，让平淡的街道和建筑看上去不再单调，使城市沾了自然的灵气；从来都没注意到 Dorchester Square 被修建成一座美丽的街心公园，公园里有象征历史意义的雕塑、有形态各异的花坛、有随意摆放的长条座椅，和自由飞落的鸽子，以及给鸽子喂食的路人；从来都没注意到 St-Catherine 大街两边店铺的橱窗千变万化，打烊的商店依然散发着商家的促销精神；从来都没注意到这繁华的大街上几家咖啡店里总是有人喝咖啡聊天儿，就连周六的清晨都生意兴隆聊意盎然。

城市平日里喧闹焦躁的快节奏，和周末平静安宁的柔旋律，组成了一组城市命运的交响乐曲。没有发展创造搞建设快节奏的生活，就显不出休闲安宁欣赏慢节奏的美好，而周六的清晨就像交响乐曲的剧场休息，它让人们聆听前半场紧张的开场锣鼓后，作短暂的休息，它让人们养足了精神，再投入到那后半场激扬的乐章中去。

在城市里生活久了，人们总是想远离市区，到郊外去亲近自然，放松紧张的心情，而这个周六的清晨，在蒙城市中心拥抱阳光、闻草木清香、止步看墙缝里生长的野花、倾听咖啡馆里传来的笑声、看路人专心地喂鸽子吃食，让我体验了在城市里也可以亲近大地，释放紧张的情绪。

蒙城周六的清晨，你竟然如此美丽动人，美得让我情不自禁地时而想放声歌唱，时而想飞舞前行，时而想静静地躺在你的怀抱，时而想懒散地发呆发愣。一段平时上班赶路只走 15 分钟的路，今天，我慢慢悠悠居然走了 40 分钟才到达工作的地点。就这样看到了蒙城的另一面，就这样度过了一个别样的蒙城周六的清晨。

蒙城，在你这片宽容的土地上，你养育了多少土族和移民的儿女。岁月如梭，二十多年来，在这个多元文化的城市里，我走过多少个脚步匆匆的工作日；江河奔流，我将会度过一个又一个这般轻松愉快的蒙城星期六的清晨。

依东西方而居

我生长在黄河流域的北方，衣食住行自然就遵从了北方人的生活习惯。北方人居家过日子，住房当先，无论是住窑洞、盖四合院，还是住排房、迁入楼房，都讲究要住坐北朝南的北房，民间广为流传一句住房名言：有钱不住东西房。

这种根深蒂固的房子朝向观念，不仅铭刻在故乡祖祖辈辈的父老乡亲心里，它似乎也植入了我的心脏，随我飘洋过海，跳动的心，固执地在北美的土地上，沿用买房不买东西房的习俗。

我们第一次在蒙特利尔买房子时，就本着买房要买正北房的原则，购买了一幢坐北朝南的独立房，全然没有考虑蒙城冬长夏短的气候，以及独立房子里面正南正北都有房间的特殊性。

等我们乔迁之喜的兴奋劲儿一过，就发现，房子里只有朝南面的房间阳光充足，所有朝北面的房间，一年四季从早到晚都见不到阳光，却原来，这房子里有一半的房间就如同北方四合院里的南房。夏季朝北的房间里阴凉不热，可短促的两个月盛夏过后，是漫长而寒冷，长达六个月之久的冬季。在这座冬季里一寸阳光一寸金，寸金难买寸阳光的城市里，我华夏几千年的住房传统，失去了它那颠覆不破的真理。

斗转星移，我们卖了那幢坐北朝南的独立房子，有机会第二次购买住房。这次买房，我们根据蒙城的气候特点，选择了一幢坐东朝西的房子。房子里楼上东面和西面都有房间，上午东面的房间阳光普照，下午西面的房间普照阳光。楼下的客厅和餐厅则是把整个一层的东方和西方连为一体，宽敞又明亮。清晨只要打开餐厅的窗帘，东升的太阳就透过朝东的窗户洒满楼层，傍晚只要撩开客厅的窗帘，夕阳就穿射朝西的窗户映红了厅堂。

从此，我们的生活跟大自然紧紧贴在了一起。

新买的这幢房子位于蒙市的卫星城里，与市中心隔河相望。由于近郊的建筑几乎没有高楼，住宅区的民宅有足够的间距，几乎每幢房子都不会受到高大建筑物的遮挡。从我家楼上的各个房间向外望去，都视野开阔，好像一伸手就能抓到一片云朵。

印象中观日出、赏晚霞，是站在高山上、大海边，是在野营的营地，和无边的田野里。如今，我依自家的窗户而立，就能观日出、赏晚霞。

每逢晴天，赶上我醒得早，就会情不自禁地趴在朝东面的卧室窗户边上，看天边放亮，如丝的光线一点点拉宽，伴着霞光，由浅变深，晃耀放大光明，映红了天际，随即一轮红日冉冉升起，卧室里顿时照进了阳光，温暖又明亮。在窗前看日出，看得我心旷神怡，如痴如醉。这时候太阳好像就挂在后院的树梢上。

只要天晴，黄昏时刻，夕阳映照彩霞，我常会坐在朝西卧房的窗台上，赏晚霞落入余辉。特别是隆冬时节，大地被白雪覆盖，天际一时彩云飞舞，那玫瑰红的光照更加夺人眼目，每逢此景，我俩经常会一道观赏，看红霞一点点隐去，叹夕阳无限风光。随着夜幕降临，再看夜色里银色月光，照亮夜空下的城市和郊区。在窗前赏夕阳西下，披一身银光，这赏心悦目的景色，看得我思绪万千，如梦如幻。这时候月亮仿佛就挂在前院的树梢上。

住在东西房里，我好像回到了农耕时代：日出而作，日落而息。不是吗？每天早晨睁开眼睛，享受满屋子的阳光，迎着初升的太阳，赶公交车进城上班；每天黄昏收工后，踏着回家的路看夕阳，下了公交车赶回居所休息。地地道道的老农似的生活，实实在在地贴近了大自然的土地和阳光，我的心中充满欢畅。

人住在东西房里，大有心连着东方和西方的感觉。

虽然我们飘泊海外，身处西方，住着洋房，可房子里的陈设，却有醒目的东方元素，饮食里有舌尖上朴实无华的家乡菜的味道，和浓浓的思乡茶香。

尽管我们说着中文，过年时身着旗袍或唐装，可思维方式和行为方式，已经远离了我们曾经坚信过的东方价值观，潜移默化地变成了说着母语的外国人。

东方和西方，这对地球上相互对立又相互依存的两个方向，各有优势，各有主张。我们有幸能吸收双方的优点，去粗取精，滋养一颗宽容兼并的心，不再盲从，不再卑躬屈膝；有幸能看到双方的不足，去伪存真，练就一颗求同存异的心，不再苛求，不再亦步亦趋。

依东西方而居，我的心胸变得开阔，视野变得敞亮。吸收着大自然的空气，接纳着大自然的阳光，体会着东方西方相互依存的自然规律，融会贯通了其中的道理——遵从自然、顺应自然，做一个自然之子，生活在天地之间大自然的怀抱，领略无限风光。

五环奥运今又是

2020年，是由法国教育家皮埃尔•顾拜旦自1896年创立的现代奥林匹克运动会举办年。世界各国的运动员，和奥运会组织机构，以及相关的商家，都对这场四年一度的奥运盛会，翘首以盼。主办方日本东京，成了举世瞩目的地方。

正当运动健儿们摩拳擦掌地备战奥运时，一种烈性传染病毒COVID-19，在人类毫无戒备的2020新年伊始袭击了整个地球，病毒被世界卫生组织定性为瘟疫，它以迅雷不及掩耳之势，致被感染人数和死亡人数日日飙升，七大洲多国都进入了一级战备状态。

全球在百年不遇的瘟疫面前，一切都几近瘫痪。任何形式的大型聚会，都会把人类推向消亡的边缘。3月24日国际奥委会与东京奥组委发表联合声明，2020东京奥运会将推迟至2021年7月23日举行。

在COVID-19阴影的笼罩下，人类不得不改变瘟疫前的生活习惯，各国相应采取人人出门要戴口罩、保持社交距离、隔离、封城、断航等措施，以期最大限度地阻止病毒的传播。一场史无前例的每个人都深陷其中的灾难，全方位深入影响了所有人的大脑和心灵。身心受到极其严酷重创的一幕，莫过于亲人之间只能隔窗相望，咫尺天涯。

新闻里每天都报道当地的疫情，和国际上疫区的情势，南北半球凡有人群居住的地方，处处都爆发了瘟疫这种没有硝烟的战争。恐惧、悲观、绝望的情绪弥漫在地球的各个角落，人类在艰难的抗疫路上行走，放眼望，无奈又迷茫。

多国药物科研人员站在抗疫前线，夜以继日地研发抗COVID-19疫苗。经过反复试验，终于有几种疫苗问世了，随着接种人群的不断增长，疫苗在一波又一波疫情浪潮前面筑起一道相对有效的防疫墙。

日历翻过了全人类都在痛苦中挣扎的2020年，带着希冀迎来了2021年。东奥会能否按照预期的时间举行？兹事体大，不仅关系到日本，同时关系到参加东奥会人员，和世界各地人民的安康。

在疫情从一个地区波及到另一个地区，势头不减；日本民众举着标语牌抗议东奥会在疫情下举行；在奥运村已经发现了几例COVID-19阳性患者的严峻形势下，奥委会宣布东奥会如期举行。

开幕式在雾惨云愁的气氛中拉开了序幕，日本德仁天皇缓缓走上主席台，戴着白色口罩，面朝空无一人的观众席，用充满了悲壮的声音庄严宣布2021东奥会正式开幕，史上首次空场举办的奥运会，就这样开幕了。主席台上坐着寥寥无几的嘉宾都保持距离戴着口罩，所有入场的运动员和工作人员，全都戴着口罩，这情景让全世界坐在电视机前的观众，心中充满了复杂的感情。

疫情仍在成曲线波动，面对这场只见伤亡不见侵略者的战争，人类宁可冒着生命危险也要点燃奥运之火吗？疑团像下坡的雪球越滚越大，担心压倒了兴奋，压抑的心绪让人无法想象载歌载舞的开场画面。

东奥会的表演重头戏，开场就以写实的手法，展现疫情下运动员各自在隔离训练，身着白色运动服的表演者，分散在主场的四面八方，做不同项目的训练动作。孤独压抑的场面，令众人在悲痛中对运动员肃然起敬。梦回江户时代的片段，身穿和服的工人表现传统木匠的工匠精神，很阳光，并为木制的五环做了铺垫。用运动图标加三人超级变变变的创意表演50连拍，和上千架无人机组成的蓝色地球，简洁明了的动感，和高科技制造的幻觉，让人感到耳目一新。大疫当前傩舞驱之，整场表演把观众带入哀而不伤，乐而不淫的情绪中。

看到点燃的圣火，我理解了在疫情遮天蔽日的情势下东奥会如期举行的意义：奥运所呈现的是人类源自于生命的对于力量、健康、对抗的追求，以及在此追求之上所展现出的冒险、突破与竞技，它代表着一种不屈不挠坚韧不拔的精神。圣火点燃的是全人类对安康的渴求、对光明的追逐、对生活的希望。

运动员在竞技场上拼搏的场面：无论是铁人三项、自行车越野赛、雨中足球赛，还是游泳比赛、4X100米接力赛，激烈的竞争让全力以赴的运动员，和电视机前的观众都忘却了瘟疫带来的苦痛，心中充满了勇敢、积极、精神抖擞的情绪，这情绪感染着在恐惧中挣扎的人群。运动场外瘟疫还在蔓延，人类只有采取与之共存的措施，一步一步向前走，才是人间正道。

尽管历届奥运会时有丑闻爆出：运动员服用兴奋剂、男扮女装争金牌、依靠汽车帮助得到的马拉松冠军、甚至有一届奥委会副主席因收受回扣而被捕、输掉比赛直接殴打裁判等，但这些与奥运初衷背离的黑暗面，不能损害奥运精神，五环的亮色与暗色并存，正如人类在善恶角逐中前行。

这场百年奥运史上独一无二的没有观众、没有掌声、获奖者登上领奖台也必须戴口罩的2021东奥会，无疑将被沉重地载入史册令世人难忘，并将它那一滴滴感天动地的泪水从运动场流进历史长河，直到地老天荒。

噙着泪回家过年

我定居加拿大已经 24 年了，回家过年的念头也在我的心底企盼了整整 24 个年头。又逢春节，终于，我们在 2013 年中国农历年到来之际，满怀企盼之情，踏上了回家过年的路。

1 月 31 日，我们乘坐的飞机越是接近北京机场，雾霾也越是浓厚，滚滚的浓雾铺天盖地而来，以至于飞机已经落地，都无法看清跑道。出了机舱，隐隐约约从候机大楼的落地窗看到停机坪上的工作人员几乎个个都带着口罩。

出了机场，四处弥漫着一股呛人的煤烟和汽油味，这更加剧了雾霾天气的难耐，随机的乘客发出一声声不可思议的惊叹。难道这就是我梦绕魂牵的春节前的北京吗？！雾霾笼罩下的北京一切都失去了昔日的风采，和我心底里对它的那份情有独钟，满心的回国过春节的喜悦之情，被这种景象蒙上了无言的委屈，泪水噙满了我的眼眶。

旅途的劳顿、时差和北京冬季的雾霾天气，致使我身体的抵抗力急剧下降，第二天就感冒了。我没有把这种身体的本能反应当回事，随便在药房买了几种治感冒的药，就急忙前往购物中心采购回家过年的年货，想赶在腊月 23 过小年时回到故乡太原。

从北京乘坐高铁只需两个多小时就到太原了。下了火车，过小年震耳欲聋的鞭炮声和烟花此起彼伏。烟花里是浓浓的年味，可对我这个咽痛又咳嗽的患者来说，只能感受到呛嗓子的烟味，一深呼吸就呛得我泪流满面，仿佛一下子回到了六十年代，家住平房，我冬天生炉子时被柴火和煤烟呛到的那一刻。

尽管事先我在电话里跟母亲讲好，我丈夫的好友会到车站接我们，请家人安心在家等我就好，可是回到家听母亲说我小弟弟和妹妹，担心朋友的车载物有限，还是开车带着小侄女去车站接我。虽然没接着，我却被这份浓浓的亲情包围着，一阵感动泪水打湿了我的眼睛和心窝。

没想到尽管我淹没在亲情的海洋里，可还是无法抵御被烟花爆竹污染的空气，我的身体不仅没有好转反而急转直下，不得不去医院看病。就医后才被确诊为急性支气管炎，咳嗽、发烧、四肢酸疼，我只能处于半卧床状态。

原本计划回家后好好帮父母打扫家里的卫生，和家人一起欢天喜地迎接新年的到来，孰料，我回家后竟然一副病态，不仅不能帮助母亲，反而还得让她以年届八十岁的老人家来照料我。母亲一会儿端茶倒水、一会儿拿来暖水带暖被子、一会儿为我做病号饭。躺在床上，想到这么多年我回家总是蜻蜓点水一般，从来没仔细端详过母亲。躺在床上，看着母亲迈着蹒跚的步子和已显弯曲的脊背进进出出，我才意识到母亲这个五十年代的大学生，以一米六四舒展、健美、灵活的身高酷爱打篮球的校队中锋着实老了。躺在床上，想想这么多年没能在父母身边尽女儿的义务，泪水顺着眼角滴在了母亲特意为我买的崭新的枕巾上。

这一病居然整整十天，创下了我得感冒史上的最高纪录，连大年三十那天都是拖着生病的身躯回到公公婆婆的家，大年初一几乎昏睡了一天。疾病使我失去了味觉和嗅觉，吃了一顿如同嚼蜡的年夜饭，过了一个没滋没味的大年初一。这难道就是我企盼了 24 年回家过年的情景吗？！伤心的眼泪刚被擦拭又涌满了眼眶，我依偎在丈夫的怀里竟然像个受了委屈的小媳妇一样抽泣不止。

太原人讲究初二回娘家，我终于在一夜之间病去如抽丝，体验了回娘家的喜悦和兴奋。一大早我和夫婿就前往超市购物，大包小包买了一购物车然后打车回娘家，实现了我多年的一个梦想。亲人相聚，相互之间送上的美好祝福，让我享受了生活在父母、弟弟妹妹中间的亲情和温暖，温馨的场面捂着我的心，又是一阵感动伴随着成串儿的泪珠。

最巧合的是我的生日正好在正月，全家人在我弟妹安排的餐厅为我举办了生日宴。那天阳光明媚，宽大的包间里洒满了阳光，一片喜气洋洋。这次回家过年能跟生养我的父母、关爱我的亲姨姨，和手足情的弟弟妹妹们一道过我的生日，这是何等的幸福啊。被亲人关爱和呵护着，感到自己的身体就像长了翅膀在爱的天空中飞翔；被亲人关爱和呵护着，我的情感变得柔情似水，身体变得强壮；被亲人关爱和呵护着，知道了我在异国不孤独，家乡的亲人血脉永远相连。看着年迈的父母和都到中年的弟弟妹妹，想想我跟亲人们远隔千山万水难得一聚，以及分别时母亲眼里的泪花，我在飞机上一任泪水流淌。

离开家的那一晚，我听到小侄女问我母亲："奶奶，明天我大姑就要回加拿大了，你想让我大姑走吗？"母亲回答道："我真的不想让你大姑走，可是……，"我悄悄地关上自己睡房的门，一头扎在枕头上哭湿了枕巾。

返回蒙城后朋友问我回家过年的感受如何，我轻轻地告诉她们，这种感受就是：噙着泪回家过年。

我的父亲母亲

2019年秋天，我回国探望父母，与他们朝夕相处了整整一个月。听着父母一大早就因为电视机的遥控器该放在茶几的抽屉里，还是该放在桌面上而争论的声音，看着父亲满头白发，和母亲因脊柱弯曲的驼背，我在脑海里勾画去年刚刚庆祝了他们结婚60周年钻石婚庆典的场景，禁不住想：父母不是那种令人羡慕的神仙眷侣，也不是值得让人们学习的模范夫妻，可究竟是什么内在的力量伴他们在岁月的长河里同舟共济呢？

婚姻是一种承诺，也是人生漫长的修行。父母结婚两年后，我出生了。没有带孩子经验的母亲吞吞吐吐地与父亲商量，她想把在农村生活的姥姥和姨姨接到家里，相互有个照应。但毕竟家里一下子就要添三口人，对他俩的负担着实不轻。

父亲看着母亲，十分爽快地接受了她的提议，并为姥姥和姨姨的到来忙活着置办日用品。在父亲的观念里，结婚是关乎丈夫和妻子两家人的事，奉养两家的老人对他来说是天经地义不可推卸的责任。姥姥曾对我说："你爸爸是一个很好打发的人，我做什么他就吃什么，对饭菜从不挑剔。"这是姥姥这个斗大的字不识仨的农村妇女，对她女婿的夸奖。父母对姥姥和爷爷奶奶的赡养之举，植根在我们兄弟姐妹的心里。

对粮食的珍惜和对其神圣不可侵犯的态度，是父母共同的生活理念。记得我7岁那年的夏天，父亲从老家背回来一袋黄豆，为了避免黄豆受潮腐烂，姥姥把豆子倒在凉席上，用手把它们划拉平整，晾在干燥的地面上就去忙着做活儿了。

我和小我三岁的弟弟，看着满凉席的黄豆，也有一样学一样地用手划拉豆子，因为我划拉的面积比弟弟大，他不服气，就抓了一把豆子扔向我，我不示弱也朝他扔了一把豆子，这阵势正好被父亲撞见，他不由分说地就揍我俩，这当口母亲正好从外面回来，见此状刚要问这是为什么，父亲气得青筋直爆地说我俩糟蹋黄豆，母亲立刻让我和弟弟伸出手来，打我俩的手掌，并说要让我们永远记住不能糟蹋任何食物。

从此，我们兄弟姐妹以恭敬的态度对待粮食，吃米饭的碗里从来不剩下一颗米粒儿。父母说他们是农民的儿女，播种小麦的汗水滴在黄土地上，每一颗麦粒都包含着庄稼人的辛苦，粮食是活命的根本。

也许是因为父母都出身于农民家庭吧，他们相互表达爱意的方式也带着浓浓的乡土气息。在我的印象中他们没有当着自己孩子的面，向对方送上一句甜蜜的“我爱你”，却时常用笨拙的神态表达他们内心深处的那份在乎。

有一年夏季，父母送我和弟弟去爷爷奶奶家过暑假，下了火车，我们看到雨后的石滩涨满了水，必须蹚水才能抵达石滩对岸爷爷奶奶居住的村庄。父亲让母亲看着行李，他脱掉鞋子，先把我背过对岸，然后把弟弟背过来让我看住他，接下来的一幕让我看傻了：那个平日里站在母亲这位曾经是校篮球队打中锋的高个子身边显得瘦小的父亲，愣是把高大的母亲背在背上，一步一步吃力地蹚着水向我们走来。那一刻，我觉得父亲好高大，好有力气。直到多年后我问母亲那天为什么不自己蹚水，她说那天自己不便沾凉水。原来是父亲怕她沾凉水弄坏了身子，母亲边说边沉浸在幸福的回忆中说：“你爸爸好憨呀。”

在母亲的眼里父亲憨的不忍挂齿，在父亲的眼里母亲笨拙的可爱，他时常调侃地说他娶了一个笨手的老婆。的确，母亲不擅长女红，织毛衣也勉强能织平针，但当她看到上海籍的老师为其丈夫织了一件元宝针的灰色毛衣时，竟挑战自己，生生的用元宝针为父亲织了一件神气的毛衣。母亲把对父亲的爱一针一针织进了毛衣里，用心思表达她对父亲朴实无华的感情。

父母也带着他们骨子里的那份淳朴关爱自己的孩子。记得我大弟弟高考前一个月得了急性黄疸型肝炎，当母亲在第一时间听到这个消息后，立刻忙前忙后帮弟弟安排住院事宜，那神情刚强又沉着，到了晚上她坐在床边一个劲儿的哭，可是第二天母亲出现在弟弟的病房时，用坚定的目光和爽朗的笑声鼓励他配合治疗战胜病魔。母亲总是把苦水咽进自己的肚子里，把笑容送到亲人的心坎儿上。

父亲则是在严肃的外表下藏着一颗实在的心。

我上小学四年级时，街上流行网鞋，看着和我同班的邻居二毛穿着浅蓝色网鞋跑来跑去，我好想拥有一双一摸一样的网鞋。可是当我向母亲诉说我的这个愿望时，她说网鞋不在家里这个月开销的预算里。我失望地朝房门口走去，父亲正好推门进来，他看到我的神情，问：“怎么了？”我撒丫子就夺门而出。

没想到第二天晚上父亲去北京出差前把我叫到他跟前，对我说：“丽丽，你喜欢的那种网鞋长得什么样呢？能让爸爸看看吗？”我眼睛一亮，把父亲带到二毛家，从窗台上把她晾晒的网鞋拿了一只，递到他手上。父亲仔细地看了网鞋的样式，问我穿几号的鞋，然后说记下了，就直奔火车站。一周后，当父亲从北京回家，果然给我带回来一双跟二毛脚上穿的一摸一样的网鞋，我欣喜若狂地穿上网鞋跑去见二毛……事后我才从妈妈嘴里得知，父亲把出差的卧铺票改成了硬座票，用单位折成现金的补差，给我买了网鞋。

我那一脸威严的父亲，宁可自己吃苦受累，以这样的方式来满足女儿的心愿。他可知道当我穿着网鞋跑来跑去，心里那份实现了愿望的开心和感恩溢满了我的童年。

我的父亲母亲，他们没有可歌可泣的丰功伟绩，只是成千上万普通又平凡的夫妻中的一对儿，却在微不足道的生活小事中，教给我们兄弟姐妹尊敬老人、爱惜粮食、心疼伴侣、爱护孩子、感恩知足的做人原则。这原则伴随我们跨大江大河，无论我们生活在地球的西东。

今年由于疫情，我无法回国探望父母。在重阳节即将来临之际，我向父母送上衷心的祝福：祝愿父亲母亲身体健康，重阳节快乐！

手边的缝纫机

这台摆放在爸妈卧室里带着岁月痕迹的上海牌缝纫机，是爸妈从旧楼带到刚竣工的高层公寓新居里唯一的一件家当。它被妈妈放置在主卧室的一角，显得与新购置的现代时尚家具格格不入，却被妈妈时常擦得锃亮。看着妈妈手中的抹布在机身上来回走动，我仿佛听到缝纫机踩板带动着皮带穿针引线的轧轧声，把日子转回到他们购买这台缝纫机的时光。

上世纪七十年代，是一个买什么物品都凭票证的年代。1971 年，爸爸所在的省直机关单位分到一个缝纫机票证的名额，为了这张不是每年度都能分到的或自行车，或缝纫机的票证，机关决定全体职工都停止办公一小时，到会议室抓阄领票证。那天，爸爸没有料到他能幸运地抓到缝纫机票证。在众人的欢呼声，和羡慕的眼光里，爸爸用手紧紧攥着缝纫机票证回到了办公室。

这张缝纫机票证抓在爸爸的手里由欢笑变成了忧愁，欢笑的是妈妈可以蹬着缝纫机，为我们兄妹四个做衣服，姥姥不再需要一针一线地为我们缝补衣衫；忧愁的是要花 170 元才能购买缝纫机。170 元呀！爸爸掰着手指头算算，以他每月 62 元的工资，就是不吃不喝也得攒三个月才能买得起这款缝纫机。

回到家里，当爸爸拿出缝纫机票证给妈妈看时，妈妈一蹦老高，把票捧在手里，转着圈儿说："这简直是太好了！我做梦都想家里能有一台缝纫机呢！"爸爸说："可是买缝纫机得花一大笔钱呀！咱有那么多钱吗？”妈妈毫不犹豫地说：“买！一定要买，哪怕是借钱也要买！”好在妈妈平时总能从他们两人的收入里每月存几块钱，妈妈拿出存折看了看总额，还真够买一台缝纫机呢。

买缝纫机的当天，妈妈从她供职的中学借来一辆手推平车，跟爸爸一起兴高采烈地去了商店。

爸爸拉着捆有缝纫机的平车刚走进我们院儿的大门，“李老师家买了缝纫机！”的消息，立刻传遍了院子里的每一个角落。大人小孩儿蜂拥着来到我家，惊喜地看着缝纫机从平车上缓缓地被爸爸和同住一排的一位男老师抬起，轻轻地放在地上。女老师们七嘴八舌地向妈妈问这问那，小孩子们围着缝纫机转来转去，它就这样骄傲地站立在爸妈的起居室里，喜庆的气氛如同它是一个挂着勋章的英雄。

妈妈用她那双本不擅长女红的手，比着衣服样子剪裁衬衫和裤子，蹬着缝纫机上领子、接袖子，俨然像个裁缝。至今我仍然清晰地记得妈妈第一次为我做好衬衫的情景：当她用小剪刀剪断最后一行线的线头，把衬衫捧在手里时，还来不及起身就激动地喊道：“丽丽，快来试试妈妈刚给你做好的衬衫，你穿上看看合适不合适。”我蹦蹦跳跳到妈妈身旁，三下两下就把衬衫穿好，妈妈让我转身，随后发出满意的欢笑说道：“真合适！”

“妈，我要让二毛看看你给我做的新衬衫。”还没等妈妈回答，我已经飞跑到住在同一排的玩伴二毛家了。

从此，这台缝纫机成了我们穿新衣的代名词，成了妈妈寄托她对儿女们深情爱意的载体，成了艰苦岁月里提升我们幸福感的大物件儿。

我们家从平房搬进楼房时，客厅和几间卧室里都摆满了家具，缝纫机好像放哪儿都不合适。大弟弟说“要不干脆把它放到地下室的储物间吧。”妈妈坚定地说：“不行！”她环绕整个房间一圈儿后，把目光锁在了连接主卧室的封闭阳台上，妈妈让弟弟把缝纫机放在了阳台她随手可触的一个角落里。在后来我们兄妹没有谁还穿妈妈用自家缝纫机做衬衫裤子的岁月里，她时不时把缝纫机搬进卧室，不为裁缝衣服，随便拼些布条只为感觉蹬缝纫机时她内心深处流淌出来的快乐。

2019年我回国看望爸妈，当妈妈看到我拿着新买来的裤子，准备去修改裤腿时，她殷切地对我说：“丽丽，让妈给你修改裤腿吧。”我拉着长调对妈妈说：“妈，楼下的裁缝修改的又快又便宜，您就别再蹬缝纫机了。”随着我的腔调，妈妈的眼睛暗然失色，她坐在沙发上喃喃地说：“我好想为你蹬缝纫机。”一股暖流立刻流遍了我的全身，我坐到妈妈身边把裤子放在她的手上说：“妈，我想听您蹬缝纫机的声音。”妈妈的脸上顿时笑开了花。

我帮妈妈把缝纫机拉到主卧室的窗前，穿好线，妈妈端坐在缝纫机前，挺着她脊柱弯曲造成有些佝偻的背，仔细折好裤脚线，弯下腰，把头歪向一边，脚蹬着踩板，缝纫机发出了轧轧的欢快响声。

一缕阳光照射在82岁蹬缝纫机的妈妈身上，色彩温暖又明亮，极像一幅油画。当妈妈用小剪刀剪断最后一行线的线头，把裤子捧在手里时，还来不及起身就激动地喊道：“丽丽，快来试试妈刚给你改好的裤子，你穿上看看合适不合适。”我飞快地跑到妈妈身边，三下两下就把裤子穿好，妈妈让我转身，随后发出满意的欢笑说道：“真合适”！

妈妈一边用手摸着缝纫机，一边充满感慨地对我说：“丽丽，你还记得我第一次给你用这台缝纫机做的衬衫吗？”我一边把头靠在妈妈的肩膀上，一边在妈妈的耳旁说：“妈，我记的很清楚，一试穿上新衣服我就跑到了二毛家给她看呢。”

手边的缝纫机，时代的印记，一份母爱，一份无法替代的父母和儿女之间的欢乐，深深地刻在我们的心头。

母亲老了

瘟疫 COVID-19(新冠病毒)在世界范围内流行三年之后，故国终于解封了。消息传来，我便迫不及待地踏上了探亲的路。当我拖着两个箱子走出电梯，拐进自家门洞，看到佝偻着背站在房门口迎接我的母亲时，脑海里像飞速倒转的电影胶片，把我带回到过去的时光里。

母亲，曾经身为大学篮球队中锋，矫健的身躯活跃在球场上，被誉为女蓝儿 4 号，是当时十里八乡闻名的运动健将。师院毕业后，入职太原十七中，她那 1 米 64 板儿直的身材，走在五十年代的中学校园里，是一道亮丽的风景。

儿时的我，从没意识到母亲个子的高大，更不知道母亲这个称谓还是伟大的代名词，只知道饿了找妈要食物，冷了找妈要衣服，摔倒了哭着喊着要妈妈，在外面受了委屈，进门一头扎在妈妈怀里哭个够。

母亲刚走上教师的工作岗位，就当了班主任。她一天到晚昂首挺胸穿梭在学校和家里，用她打球儿的劲头，带着学生完成生物课的实验，带着我和弟弟妹妹游公园的石桥流水。望着妈妈从假山上飞奔到地面的身影，我理所当然地认为她一辈子都会行如风站如松，用太原话说就是：人家李老师啥时候都是平平展展的大个子。

眼前的母亲，脊柱弯曲导致佝偻，身高缩短，连 1 米 54 都差点儿事儿。儿时我们仰着头看母亲，现在母亲仰着头看自己的儿女。母亲老了，她老得走路用脚蹭着地面，直不起身板儿，每往前蹭一步，都带着十二分的小心，和十分的努力。

母亲老了，老得从自己画满了彩图的纸，一点点退回到了出生原点的白纸上：她从一个讲究穿着的职业女性，退到那个生她的世世代代靠挑井水吃的干河村，一张“心相印”抽纸，她撕成四份来用，打开水龙头给盥洗盆接上水，用手撩着水来洗手，因为在她骨子里认为用那哗哗流动的水洗手，是一种极大的浪费。

打上了节约烙印的祖祖辈辈，把节约奉为宗教信仰，注入了在黄土地里生长的每一个大脑，流进了他们的血液，是他们显性基因的牢靠标志。母亲老了，老得只遵循传统道德，和祖爷爷的教诲。

从我记事起，除了春节和中秋节这两个传统节日外，其它诸如五一劳动节、六一儿童节、十一国庆节等，节日都跟国家大事件有关。第一次听说有个专为母亲设的节日——“母亲节”，是在我出国第一年的春季，五月份的第二个周末。

“母亲节”那天，蒙城的大街小巷，被家家子女捧在手里的花束点缀成移动的花海，一团团鲜花簇拥着自家的母亲进出餐厅或咖啡馆，欢声笑语溢满了飘着香气的天空。当我看到一位年龄与我母亲相仿的女士，在其子女的关照下，走进一家餐厅时，我暗自许愿：来年好好为母亲过个母亲节。

谁料想，实现这么一个朴实的愿望，竟然等了三十几年。

这三十几年，我经常回故乡探望父母，但不是利用孩子们放暑假的夏季，就是选择父母生日都在后半年的秋季，总是没机会在春季回到母亲身边，为她好好的过个母亲节。

2023 年，我终于在春暖花开时节回到了故乡，带着心中多年的愿望，和庄重的仪式感，在今年母亲节这一天如愿以偿地为母亲过母亲节。

当母亲双手接过我们兄弟姐妹捧上的鲜花，脸上的每一条皱纹都带着笑意时，我突然想起多年前一位英裔同事说过的一段话。她说人类在天地之间渺小如尘埃，但母亲是伟大的，她不在乎自己的孩子是否记得她的生日，但十分在乎他们是否记得母亲节。我把同事的原话传述给母亲，她微笑着摇了摇头。

母亲用孩童般的目光注视着我说："用伟大这个词来形容母亲，是文艺工作者表达情感的夸张方式。我看电视里播的自然传奇节目中那些母兽千方百计保护幼崽，纯粹是动物的本能，人类其实是一种高级动物嘛，母亲天性里对孩子的爱和付出，是自然而然的事。要说伟大，人类的精神用伟大来形容还算靠点儿普。"

母亲老了，她老得只会用孩童的思维看世界，不说空话和大话，用朴实无华的语言描述眼前的事物，活得简单快乐。

我的母亲，生我养我的平凡的母亲，就这样带着她返璞归真的模样安享晚年生活。

第二辑

走出去看看

Varadero 二月天

从冰天雪地的蒙城二月极寒天，乘坐飞机穿越云层，降落在四周被棕榈树，和椰子树包围的古巴 Varadero Juan Gualberto Gómez 机场；从脱掉厚重的羽绒服，到换上轻柔的夏装，迎面扑来的暖风，让人顿时感到冰火两重天。

接机的大巴把我们带进度假村，已近子夜，大堂独具特色的建筑设计映入眼帘，令我大开眼界：如擎天柱般的木结构顶棚，四面透风的大堂顶下，分布前厅的棕榈树和椰子树随风摇曳，与自然融为一体，招摇着海滨浴场的风格。

办妥了住宿手续，进入房间，带着如梦如幻的感觉入眠。一觉醒来，拉开窗帘，晨光下的海面呈祖母绿，浮动着和缓的波纹，仿佛推开落地窗，海水就会涌进房间。

上午，强烈的阳光照耀下，无边无际的海面上，呈现出蓝绿分层的海域，从极目水天相连深海处，到脚下海岸边，由远及近，一道道由深蓝、墨绿、浅蓝、浅绿及透明的海水，随白浪拍打沙滩，细沙粗沙铺满了堤岸。

沙滩上，身穿鲜艳游泳衣，和彩色裙裤的各色男人女人，沐浴在暖风里，沐浴在阳光下，特别是跟我们同机来的魁瓜，恨不得让阳光射进骨髓，驱散身体里的寒气。

我和丈夫一会儿下海游水，一会儿岸边踏浪，一会儿漫步沙滩，一会儿依躺椅养神。他情不自禁地感叹：“这是啥日子！”我情不自禁地应道：“这是晒太阳的日子，让皮肤亲近阳光，让心灵自由飞翔。”他问道：“这是啥日子？”我应答：“这是面对大海的日子，看潮涨潮落，云绻云舒。”他牵起我的手走在沙滩上，一串串脚印，串起了我们平日忙碌的日子，串起了我们悠闲又宁静的时光。

我俩行走在延绵十几公里的沙滩浴场，竟然听到了熟悉的中国乐曲，诧异间，发现一位身穿金黄色中国太极服的古巴男子，站在大海边，正招呼躺椅上的人跟他一起练气功。当他看到我们这对中国夫妻时，喜出望外地邀请我们加入他的活动。从基础气功练习，到八段锦，一招一式十分到位。做完一套组合气功，这位男子告诉我俩，他在距离度假村不远的一个小镇上古巴人办的气功学校学习多年，有结业证书，是被度假村聘用搞娱乐活动的师傅。没想到中国的气功和太极，飘洋过海，成了加勒比海大海边蓝天下的一道亮丽风景。

中午时分，我们从海边返回度假村，暴晒在烈日下的乐队奏起了舞曲，非洲的手鼓配西班牙吉它，加上沙锤和小号，踩着恰恰舞节奏的人群起舞在游泳池边，和露天酒吧过道上。真是一方水土养一方人，一方水土出一方音乐，太阳晒出来的音乐舞蹈火辣又热烈，古巴人的每个细胞里都激荡着舞步，每根血管里都流淌着节奏，随时随地都扭动身体，抖动情绪。

晚上，古巴生活乐队在大堂奏乐歌唱，度假村的人群围座四周，自发参与其中翩翩起舞，喝彩声穿过顶棚，回荡在四面八方。这里是光的世界，鼓乐的海洋，歌声的土地，欢笑的殿堂。

我们在这阳光、沙滩、海浪、椰子树的 Varadero 二月天，度过了一周真实又梦幻的时光。

哈瓦那掠影

从我们住的度假村打车去哈瓦那的路上，那首“美丽地哈瓦那，那里有我的家，明媚的阳光照新屋，门前开红花”的歌曲，一直萦绕在我的耳边。心儿随着歌声飞向了哈瓦那。

终于，双脚踏在了哈瓦那的土地上。步行在老城的街区，强烈的视觉反差，让我的眼睛无法聚焦：一边是革命博物馆宫殿建筑，和现代美术馆的巍峨高大楼宇，一边是昏暗无物的店铺，和几近坍塌的居民楼。一眼望去，涂着粉、蓝、绿、黄的七彩楼房连成一片，在明媚的阳光照耀下，也掩盖不住破烂和脏乱，彩色楼房夹杂在雄伟的国会大厦，和金碧辉煌的国家歌剧院之间，像一片片生锈的斑点。

沿着步行街林荫道走向中央广场，广场两边的奢侈品商店，和五星级酒店，及酒店前停放的敞篷彩色出租小轿车，让我领略了古巴首都的现代化气息；而去海滨大道穿行地面坑洼不平，且排水沟的脏水在太阳的照耀下泛着熏人臭气的小街，和随时都会被从没有栏杆的阳台上扫出的脏水溅到行人身上的场面，让我感受到古巴的积贫难返的现实。

来古巴之前，就听曾经游历过哈瓦那的朋友发表议论：那么穷的街区，家家竟设有铁栅栏防盗门。依我看来，铁栅栏门之功能，不是为防盗，而是为通风。因为老街区的居民，几乎家家都安不起空调，铁栅栏门即是屏障，又是通风的渠道。也许因为是周末吧，铁栅栏门里门外都坐着人，可人们几乎各个都紧锁着眉头，目光暗淡，没有生气，只有小孩子们在街上打闹嬉戏。

第二天，我丈夫为抓最佳光线拍城市的容貌，一大早，我们就步行前往中央广场。雨后的哈瓦那，地上坑洼处一滩滩积水，为他拍景物的倒影提供了难得的道具。正当我们欣赏晨光里的国会大厦时，在离我们十几米开外，一位中年黑人妇女突然被脚下的水坑绊倒，她发出凄厉的惨叫声，惊动了路旁的一名环卫工人，他立刻跑过去将她扶起。黑人妇女一边挣扎着往起站，一边痛不欲生地哭喊，可能是脱臼了，她耷拉着胳膊，拖着哭腔喊唱着继续行路，她长长的哭唱腔响彻哈瓦那的天空。

在我的脑海里，只有长歌当哭的记忆，而眼前的哭声，竟是长哭当歌，似乎只有哭唱着才能减轻她的痛苦，才能释放她的悲伤。这哭唱声，让我一下子联想到度假村大堂生活乐队歌手的声音：无论男女歌手，他们都用这种长哭当歌的声调演唱。究竟是因为乐队的乐器演奏声太强，他们必须哭喊着唱？还是只有哭喊着唱才能表达他们心头的痛苦，释放他们内心的悲伤？我一时分不清是太阳晒出的音乐和歌曲的火辣呛出的哭腔，还是几百年非洲黑人和欧洲西班牙人的结合，才形成了这独特的演奏和歌唱。

随着太阳升高，老城旅游区的酒吧，传出了打击乐和着手鼓的乐曲，随即响起歌唱声。我们循着震天的歌乐声，来到海明威当年常去的酒吧，想体验一下他光顾过的地方，并喝一杯他喜爱的鸡尾酒。酒吧不大的空间里，被乐队和歌手挤得满满当当，坐在桌旁，我俩被鼓乐声震得相互听不到对方的声音。也许，海明威当年在孤独的写作之余来酒吧，就是为了热闹和汲取鼓乐的养分，而我们来自东方的内心，却无法享受这无休止的打击乐声。

随后，我们慕名前往海明威曾经在哈瓦那常驻的旅馆，想凭吊这位作家，但是因为周末关闭此房间，我们只好在旅馆外面，仰望着窗户，以示瞻仰之情。

两天一夜的哈瓦那之行结束了，我带着极其复杂的情感踏上返回度假村的路途。一路上，我哭泣，为他们的贫穷，为他们的无望；我哭泣，为他们的快乐，为他们的悲伤；我哭泣，为她长哭当歌，为人为的桎梏。

在海边沙滩上，我看这样一个情景：一个小男孩儿在堆城堡，潮水涌来，城堡就被淹没，只要潮水退下，小男儿又执著地堆城堡，他专注在眼下堆城堡的快乐里，不管周围的环境。这让我想起哈瓦那老街区里打闹嬉戏的小男孩儿们，他们专注在打闹嬉戏的过程里，不管周围的环境。孩子的世界里，不分贫富，度假村沙滩上抹着防晒油的小男孩儿，和坑洼不平街道上的小男孩儿们，在玩耍中的执著和快乐一样多。等他们各自都长大成人后，他们的快乐是否也一样多呢？

Varadero 二月天，对魁瓜来说，阳光更明媚，一蓝柔水花草萦。

安第斯山的排箫声

初次听到排箫发出的乐曲声，是我刚到蒙特利尔的那个夏季，在老港广场的一角，看印第安五人组合乐队的街头演奏。排箫独特的声音，带着幽怨、悠长，如泣如诉地回荡在热闹的广场上空，在游人如织的摩登世界里，它发出的音色犹如一声长长的叹息。

排箫的乐曲声带着千年的传说，和与这个世界的一点儿不和谐，走进了我的记忆里。

2019 年我们夫妇去秘鲁旅游，第一站是神圣峡谷地的圆形梯田 Moray。我们的司机兼导游操着一口带有当地口音的英语，从谷底圆形的圆圈田开始，介绍一层层圆梯田对种子的受热程度及其影响，模拟不同的气候，培育出高产的品种推向全民的这块古代印加试验田。正当我为如此智慧、如此不可思议的建造技术惊叹不已之时，山谷里传来了排箫的天籁之音。

一个土族小伙子，站在山谷的一块高地上，吹奏着排箫，整个山谷如同一个巨大的音箱，他吹奏的每一个音符，都碰撞着山壁，回音立刻绕着山梁回响在山谷里。

那乐曲声里没有我昔日听到的幽怨之声，它是土族人把对苍天和大地的感恩之情，用最古老的乐器表达的赞颂。他投入地吹奏着，问天，天回一声，问地，地答一句，浑然天成的和谐，汇成天地交响乐曲，摄住了魂魄，震撼了心灵，这乐曲仿佛从我的身体里发出来，不由得合着它的节奏，伸出手，摇晃着身体，对山谷投以深情的拥抱。

这个吹奏排箫的土族小伙子个子并不高，可是从谷底仰望站在高处的吹奏者，觉得他高大无比，雄健又刚毅。他的一呼一吸都注入了天地的灵气，那是天的博大，是地的厚重，是这片土地上养育的男儿身躯。从谷底走上高坡，我对演奏者致以深深的敬意和注目礼。

在我的概念里，排箫这种乐器，最适合在山谷里吹奏，离开了山谷，它就失去了本意。

随着旅游的日程安排，我们前往 Saqsywaman。刚进大门，就听到从入口不远处的多功能厅里传出排箫的乐曲声和人群欢呼声。丈夫说："咱们进去看看？"我笑着说："要是有二胡或者琵琶演奏的中国乐曲，就会吸引我进去看看。这几天每天都听排箫乐曲，耳朵都钝了，它毕竟不是从我们的血液里流淌出来的音乐，还是先参观景点吧。"

带着钝钝的耳朵，我们在接下来的几日游里穿梭在 Cusco 市和 Machupicchu 镇里。从 Machupicchu 景点返回旅馆，我们在一家面朝大山，侧靠小河的餐馆就餐。刚在二层的雅座上坐稳，我丈夫指着山崖上一个天然形成的耳朵状山石对我说，真像大山的耳朵。他的话音一落，排箫的乐曲声就在餐厅里响起。随着乐曲声，我一边缓缓地喝着 Cusquena 啤酒，一边看着山崖上的岩石耳朵，一种油然而生的感悟从我的心底升起。我动情地对他说："高山大河养育了这方儿女，滋润了这片土地，这方儿女用独特的排箫乐曲声演奏给高山听，用乐曲诉说着他们的感激之情。高山不说话，却能用天成的耳朵听到他们发自内心的声音。"这时我听到的排箫乐曲声，如叮咚欢畅的泉水，如鸟语花香般醉人，我把自己融入这天地间，耳朵不钝，眼睛含情。一方水土养一方人，养一方的音乐，养一方的风情，也养一个个来自世界各地用耳朵仔细听，用眼睛好好看的族群。

我们行走在 Cusco 市的大街小巷，注意到人行道身穿各类校服的中小学生，就像一缕缕早晨的阳光，洒在这片神奇的土地上。当我们途经不同的几所学校，看着各校的一组组男女学生在操场上随着同样的乐曲，排练着不同的舞蹈动作：有的手持七色彩带飞舞，有的手握类似结绳翻着花样，不知是为庆祝什么节日，还是举行校级舞蹈比赛而做准备，欢乐的乐曲声里时有排箫声传入我的耳朵和心房。

离开 Cusco 市前往亚马逊热带雨林的那天早晨，我们住的家庭旅馆房东太太，特意在用早餐时，播放了排箫吹奏的乐曲 El cóndor pasa 作就餐背景音乐。乐曲声一响起，想到房东太太这几天来对我们热情周到的服务，和我们之间充满温馨的通过手机在线翻译，把英语翻成西班牙语、西班牙语翻成英语的相互交谈，排箫乐曲深深地感动了我，泪水盈满了我的眼眶。我们相拥在排箫声里说再见，声声是动情的话语和依依惜别的感情。

看印加遗址，问文化和语言的断裂，我在这排箫乐曲声里感受到它生生不息的生命力，和人世间最朴实无华的情感。南半球北半球我们共同拥有一个地球，天苍苍地茫茫人类都生活在宇宙的山谷。你心中有山谷，排箫的乐曲声就在山谷中回响，它可以是来其他民族血液里流淌出来的音乐，自然是人类文明组成的一个部分。我想，这就是排箫声的本意，无论它回响在安第斯山的山谷，还是回响在都市热闹的广场上空。

又听排箫声，是在自家洒满阳光的客厅里，每一道光线都抖动着光阴的痕迹：远古、当代，排箫声里说故事，多少欢乐和忧戚。我长长地舒了一口气，感到天宽地阔。

枫树不知疫事

COVID-19——瘟疫，在人类毫无戒备的2020年新年伊始，袭击了整个地球。在疫情面前，七大洲各国乱作了一团。

然而生长在北国的枫树，全然不知瘟疫之事，在秋风秋雨的涂抹下，赤橙黄绿应时应景地如期而至，让生活在瘟疫阴影笼罩下的蒙城人心头一震，不约而同地涌向枫山枫林，享受大自然的馈赠。

九月的最后一个周末，我们驱车前往 Mont Orford。高速公路两旁由松树和枫树及不同树种组成的屏障，已呈现出一派由红枫唱主角的景象。车速飞驰，红枫不急不慌地一会儿向所有行驶在公路上的观众，献上时隐时现那一树树撩人的红叶，一会儿像有层次的天空烟花与地面烟花相映衬的红叶花绽放在天空中：屏障低矮处是一排延绵数十公里红黄绿交错的灌木，在它后面站立的是怒放着红叶高大的枫树，和松树相间的树林，这种天然搭配，让枫叶看起来更加绚丽夺目，红枫一出场，就成了众人瞩目的焦点。

随着地势的高低起伏，前方漫山遍野的红叶如同海浪一般向车窗涌来，我们仿佛听到了每一片枫叶都在吟唱，它们拍打着地面发出秋的旋律，不露人工痕迹酿成了时而柔情似水、时而坚如磐石、时而气势磅礴、时而满目沧桑的多重声部的大合唱，这天籁之音没有人为的琢磨，没有唯妙唯俏的模仿，浑然一体的和声回响在天边，荡气回肠。当驶向一片高地时，360

度的全景，处处有枫情，枫叶染红了大地，映红了天空。这样的大场景，仅用一句杜牧的诗句“霜叶红于二月花”来描述蒙城近郊的秋色，彰显不出它宏大的气势。

在魁省第二波疫情拉响了红色警报的中秋，蒙城人谈红色变，恐惧 COVID-19 的心理与日俱增。可枫树叶偏偏在这个时节红得醉人，红的让人心疼。

我看见一座座山，一座座盖满了红叶的山，坦然地迎接乱了阵脚的赏枫人；我看见一片片林，一片片铺满了红叶的林，自若地拥抱惊恐不安的魁省人。我们跟着车流，一路迎枫而行，越走近 Mont Orford，视野越开阔，心情越舒畅，忘却了扎眼的红色警报，投入了大山的怀抱。

每年秋季我们都和枫林有个约会，看不够的枫红，看不厌的枫橘。秋林的色彩千变万化，大自然的调色板可以随意打翻后把色彩倾泻在山岗、平原，甚至在一棵枫树上同时有赤橙黄绿的枫叶，它们随风摇曳，和谐又动人。走在枫林的小道上，一阵阵树木和树叶的清香飘入鼻中，令人感到神清气爽。我边走边看在阳光下十分耀眼的红色枫叶，不禁联想到同样是红色调，在蒙特利尔美术博物馆看现代画展，从一个展厅到另一个展厅，那大片大片的红色，令我的精神感到慌张，看到最后竟然头晕目眩。这大概就是天然杰作与人工合成油彩的区别所致吧。

我迅速把自己的思绪收回，将目光投向了进入 Mont Orford 公园的路。在当下不能娱乐、不能聚会的红色警报面前，去各大公园赏枫成了各色人群的首选，入园排队的车辆像长龙不见首尾。我们当即决定掉转车头，沿着不知名的乡间小路，赏入时令的枫景。

刚离开公园的入口处，就发现了一处赏心悦目的观枫景点，随即停车。这里不仅枫景如画，而且还适合野餐。于是我俩把便携椅支起来，面朝盖满红叶的山岗而坐，手捧着野餐盒，就着红枫吃午餐，美美地品尝了秀色可餐的滋味。

野餐后我们又另辟蹊径，误打误撞走到一处绿水环绕枫山的开阔地点，眼前的枫景令我感到震撼：宽阔的湖面上，有扬起风帆的白色船只，和光彩夺目的游船，湖对岸延绵不断山岗上漫山遍野的红枫叶在阳光照耀下，在水天一色的映衬下，宛若舞动的红绸，飘动在天地间。

按理说这满眼的枫情应该感到心满意足，可我总觉得缺少了什么。忽然听到湖边一伙年轻人的歌声，我心里立刻就有了主张。

隔日，我们约了几位好友，一道踏秋赏枫，访 Bromont、Sutton，看层林浸染万山红遍。由于疫情严重，使我们居住蒙城各处的老朋友无法见面，枫景就像一条线把散居各点的友人连接到一起，大家相逢在红枫下百感交集。枫树不知疫事，只知自然而然地用它大片大片的红色抚慰着现代人的心，好友相见虽然短暂，浓浓的友情填补了我赏枫的空缺。

从枫景区返回家的路上，我在心里感恩大地母亲，珍惜人间友情。我默默的祈祷：盼春回大地，人民安康。秋时节，愿得年年，常见红枫叶。

深秋的树梢

北国深秋的树梢上，不挂累累的硕果，也不挂傲人的红枫叶子，它能挂点什么呢？

在加拿大生活了二十多年，每每看到深秋时节那一排排杵在蒙市大街小巷的树干上光秃秃的树枝，和没有一点生气的树梢，我就会想，这二十几年来从没在深秋去郊游，在我看风景的道路上大概也没什么缺憾。

然而，今年十一月中旬，我们夫妇驱车前往安大略省，去看望在多伦多大学读书的小女儿，途经山林，眺望起伏的峰峦和山间的树木时，我被那漫山遍野的深秋树梢上挂着的焦黄色树叶惊呆了——这些树叶几乎都挂在树梢上。成片成片挂有枯干树叶的树梢连在一起，在青松翠柏覆盖的山峦之间，形成一道道没有七色的彩虹，向人们诉说着深秋独特的素颜，和坚韧沉稳的魅力。

我们离开蒙市的那天上午是阴雨天，在这灰暗阴沉的天空下，在这田野里失去了色彩四处灰蒙蒙的景色中，那一缕缕、一簇簇焦黄色的树叶，成为除了松柏绿色之外在深秋中唯一的色彩，看到它让我眼前为之一亮，心情也随着这色彩振奋了起来。原来，深秋十一月的郊外，阴天里也有迷人的焦黄色，和深棕色垫底的风景。

这风景没有春的生机勃勃、没有夏的繁花似锦、没有冬的晶莹剔透，也没有初秋的色彩斑斓。这道风景在四季交替，其它树木挨个盛装退出舞台，走向隆冬的最后一幕，彰显着它厚实的内涵和丰富的根基。

下午时分，天光大亮，阳光照耀在高挂树梢的叶子上，这些叶子没有因为在阴天里就灰头土脸无精打采，也没有因为在阳光的光辉照耀下，而沾沾自喜挤眉弄眼。它们就这样静静地随风飘舞，就这样用自己的本色感动着天地万物。

在这群山峻岭和高速公路旁成千上万的树种当中，并不是每一种树在深秋时节树梢上都能挂有树叶，只有几种树享有这样的修养和成色，比如橡树，它在百花争奇斗艳，万木枝繁叶茂的季节里，被淹没在一旁，只有几只松鼠在橡果成熟的时候会光顾造访。到了深秋，它薄而宽的卵形叶子虽然失去了绿色，依然牢牢地挂在树梢上，跟那些在深秋变成焦黄色的树叶子，一道把生命的歌来吟唱。

有一种树从来没体验过被世人赞叹的荣耀，因为它不具备由绿叶变成红叶的因素，只要秋天来临就会一夜之间变成了焦黄的叶子，被冷落在角落无人观赏，但是当那枫红枫黄随风落地的时候，它依然知道自己的价值，把那些不再油光发亮的叶子高高地挂在树梢上。

看着这道风景，一幅从风华正茂娇颜多姿的美丽姑娘，变成中年模样的画卷展现在眼前。那时候读了多少梦想诗篇、经历了青春的豪迈和浪漫、咀嚼了人生的苦辣酸甜，而今我们走到了深秋，犹如一片挂在树梢上随风、随雨、随雷鸣电闪而动，却不离其根的树叶，活出了我们不以物喜，不以己悲的真性情。

哪个少女不暗恋白马王子？那个少妇不留恋美妙的青春？可是又有哪个成熟的女人，因着这些梦想而脱离了现实，迷失在人生帷幕的边上？我有幸结识了一群怀揣梦想而又脚踏实地的朋友，开便民店的大嫂，思想驰骋在天地万物之间，她在工作之余写出了一本又一本的书籍，把心头的话寄语我们，大家从中受益；开洗衣店的大哥，心绪荡漾在心田，利用业余空闲发表一首又一首动人的诗篇，把我们心头的希冀点燃；弹钢琴的兄弟，寄情音乐禅学，演奏之余吟唱感人的歌曲，圆自己儿时的梦想，与大伙分享人生哲思共同欢度美好时光。她们，还有他们，每天都在生活中编织自己的幸福，纵然是从未在大舞台上演唱主角，做个小小的跑龙套演员，也一丝不苟，知道自己的价值，不傲慢不气馁。

看着这道风景，我悟出自然景观不分季节和月份，每个月都有它的亮丽和闪光点，错过了对它的欣赏，就是一份缺憾。人生的阶段不分年老年少，每个时期都有他的美好和感动点，错过了尽心尽力，就是一段遗憾。

谁说深秋十一月的树梢上没有风景？那高高挂在树梢上的叶子，是抹不去的典雅端庄，这树梢上品出的人生，更是繁华褪去的沉淀，和不能错过的景观。

行走在山水之间

——穿越美国西部的国家公园

我们举家从加拿大东部的蒙特利尔搬迁到西部的温哥华生活了三年之后，终于在 2011 年夏季又举家踏上了回归蒙市的路。挺进东部的方式有多种，我们选择了驾车自西向东开拔。在东部生活的二十年里，曾多次听朋友驰骋遨游般地说起西部壮观的风景，这次我们也有机会借着东进的劲风，饱览美国西部那传说中的国家公园。

美国西部，从俄勒冈惊涛拍岸卷起千堆雪的海岸，到细腻如淀粉般的沙滩；从内华达山间的怪石嶙峋，到犹他州的岩壁、天然拱门，再到沟壑跌宕的峡谷；从加里福尼亚死亡谷低于海平面 85.5 米，六月初气温就高达 40 多摄氏度被称为坏水的盐粒斑斑，到科罗拉多 3700 多米的最高穿行公路，犹如跨越高原雪山。这种一时之间让人产生上天入地、迎惊涛、跨石海的幻觉，这种在水天一色的海边看日出日落、在群山连绵的山顶观满天繁星、在无边的旷野里赏五彩云霞，把自己和自然融为一体的感觉，只有行走在那山水之间的人，才能体会其奥妙和神奇。当你脚触千年的岩石，手捧万年的流沙，踏在叹为观止的起伏地势上，眺望无尽的宏大场景和磅礴气势，你似乎从中理解了美国人的霸气，和富于挑战而又张扬的民族个性了。真可谓一方水土养一方人啊。

让车轮带着我们遍走那片令人为之震撼，且保留了自然风貌的国家公园，伴着风声，随我们一道领略大自然留给人类的奇观吧。

第一回旋：Oregon 海岸

出了温哥华，我们首先进入美国的 Oregon Cape Klwanda 海滩，波涛汹涌的海浪，后浪推前浪，拍打着岸边的岩石，把岩石冲刷成各种奇形怪状的样子，诸如 Haystack Rock、Devil's Punchbowl，就像天上的云朵让人们充满想象。观沧海，海浪在一阵又一阵咆哮怒吼般地冲击岩石后，竟以温柔的水纱缥缈无声息地一次又一次汇入大海，这难道不是天然的阴阳组合吗！

赤足走在岸边看白浪触沙滩，感觉如淀粉般的细沙从脚趾缝中溢出，呼吸着海面上漂来的清新空气，我张开双臂面对大海，大声赞叹之后留下心中轻轻吟颂的歌，把那座充满喧嚣和尾气的城市，把那种充满算计和内卷的氛围抛到了脑勺后面，静静地欣赏着阳光、沙滩、海浪和海水海风哺育的满地鲜花，沉浸在大自然的怀抱中。

第二回旋：Tufa 和 Death Valley

Tufa 在 Mono Lake 的一角。Mono Lake 最出名的景色是 South Tufa Area 石灰华塔，Tufa 的特质就在于必须完全在水下形成，经过数百年慢慢长成石灰华塔。当你靠近 Tufa 想要摸一摸它的塔身时，那粗糙的塔面几乎可以划破你的手指。怪异有怪异的魅力，当你置身在石林，就会被一种魔力牵着走遍它的每一个能行走的角落。即使在这样一种碱性极强的魔界，在塔身的缝隙里也有一种小鸟在里面做窝繁衍后代，生命的力量和足迹插遍任何环境，这难道不是大自然给我们的启示吗！

汽车终于进入那充满恐惧的 Death Valley——死亡谷，北美洲最炽热最干燥的地区，虽然它拥有一个相当令人惊悚的名字，但是它那严酷的瑰丽夺目让人眩晕。Furnace Creek、Bad water、Golden Mountain Valley、Golden Sand，还有那一望无际几乎寸草不生的干涸土丘、碎石、悬崖峭壁。当你一进到谷里看到四周苍凉的荒原，和那时有时无的一簇簇长相狰狞的矮灌木，那种令人窒息和无奈的感觉就袭上心头，脑海里只浮现出两个字：想哭。如果不在谷外给汽车加满了汽油、后备箱带足饮用水和干粮的话，人在这种荒漠无水的大自然面前就无能为力了。就是在这样的生态环境下，仍然有沙漠壁虎和少数动物活跃在期间，对生存的渴望和挣扎是本能，更是一种不可抗拒的奋争。这难道不是大自然对我们的鼓励吗！

第三回旋：Zion NP

位于犹他州西南方的 Zion 国家公园，有南北两个主要景区，我们选择了南边的 Zion Canyon Scenic Drive 和沿着河流北上（North Fork Virgin River）的景区继而深入峡谷，登上了著名的 Angels Landing,，它有如黄山之鲫鱼背，一墙直立，两侧万仞，便是登顶之路，我丈夫和小女儿是登上峰顶为数不多的中国人，返回陆地他俩大发一览众山小的感慨。看那有情又无情的山涧和沟壑，想到人生也总是在有情和无情之间穿梭，心中不免一阵长叹。

第四回旋：Bryce Canyon NP

Bryce Canyon 的天然怪岩柱 Hoodoos，是给我留下印象最深刻的国家公园之一，那成堆成堆的赤红色岩石和岩柱，承载了多少凄美的传说和地质地貌的演变，又见证过几世几代人类演化的进程。无论是眼看就要坠落的贴在岩石尖上的岩石，还是肩并肩矗立如排列千军的岩柱，无论是在夹缝中生长的朝天树，还是开阔的露天剧场，都披上了一层神秘的色彩。行走在岩石之间，我突然觉得我不仅仅是一个过客，而是一个天地和人之间的使者。

第五回旋：Capitol Reef and Arches NP

要说荒蛮的壮观之景，Capitol Reef 算一个，它有巨大的圆顶，有高耸的尖塔，有独立的巨石，还有扭曲的峡谷，以及优美的拱门。为了靠近去看褶皱的岩石，我丈夫不惜驾驶着我家的 ACURA 小轿车行进在只建议四轮驱动吉普车行驶的沙石路上，结果一个急转弯，一个后轮胎被划了一道大口子，却待我要发作，只见他满头大汗慌忙换备用胎，我话到嘴边的抱怨被轻轻地咽下。终于，我们在荒无人烟的地段换好了轮胎，小心翼翼地驾车返回了营地。第二天还算走运，开了几十公里后，在一家车行换上了和我们轮胎匹配的正常轮胎，我丈夫又可以驾车驰骋了。

要看天然岩拱，Arches NP 是必到之处，这里是世界上最大的自然沙岩拱门集中地之一。公园里最著名几个景点诸如 Balanced Rock、Delicate Arch、landscape arch，它们巧妙得令人不可思议。站在这鬼斧神工般的天造之物的面前，我感到了大自然的神力。

第六回旋：Canyonlands NP

Canyonlands NP 以其幅员辽阔、广漠无边的大，和峰峦险恶而著称，没有绿色的 Green River 看得人张口结舌欲哭无泪，Mesa Arch 的雄姿不仅在于它的近乎完美，更在于它贴近众生。无言的苍凉和沉默，那是包容的宽阔胸怀。

经过 17 天的长途跋涉，我们终于回到了蒙市。行走在山水之间，看严酷的地质地貌，体会生命的真谛，还有什么人间的烦恼不能被化解，还有什么比后退一步海阔天宽呢！感谢造物主的恩赐，感谢前人的开拓和维护，有了他们，才使我能有机会感悟和领略天地人之间你中有我，我中含你的全部意义。

带着时差追枫

2017年九月下旬，我回国为母亲庆贺八十寿辰，把返程机票定在了十月下旬。翻看着挂历上十月红枫呼之欲出的醉人景色，丈夫用略带遗憾的口吻对我说："看来今年你将错过赏枫时节。"

我心想，定居蒙城这二十几年里，我们每年秋天都踏秋赏枫，不差这一次吧。我不以为然地笑笑，用手拍拍丈夫的肩膀，忙着办理回国事宜。

候机时刻，从落地窗看湛蓝的天空，和灿烂的太阳，以及远处绿树间跳跃的黄叶，想到隔天就踏上黄土地，赏北京金秋十月的美景，我禁不住心跳加快，脑海里浮现出昔日在京城踏秋的场面。

在飞机降落首都机场的轰鸣声中，我拉开舷窗的遮光帘，看到灰蒙蒙一片浓雾，来不及辨别是雾还是霾，我随人流走出了机舱。站在落地窗前看到白日顽强地挂在云雾里，唯独望不见秋的颜色。

也许蒙城的秋天来的比北京早，也许北京的秋天定要十月才如约而至，我无暇顾及心里的惆怅，匆匆赶往太原——我的故乡。

记得临出发前，同事问我："你家乡的秋天美吗？"我笑着答道："美！虽然没有红枫，但山山黄叶，片片飞来闪金光，被我们称为金秋。"然而，北京的十月几乎每天都被雾霾包围着，我最终没能在天放晴时看到她着秋装的那份多姿多彩，带着说不出的痛楚，登上了返回蒙城的班机。

飞机到达蒙城的时间是下午一点多，我推着行李走到接机口张望时，湛蓝的天空下，只见丈夫身披阳光向我走来，远处的树叶已经红黄交错，呈现一派深秋风光。

我们相拥在万道金光里，他兴奋地对我说："今年枫情比往年推迟了两周，你回来还能追个尾巴。"我按捺不住心头的渴望脱口而出："明天，咱追枫去！"

第二天清晨，我带着时差跟丈夫去追枫。

从 Farnham 到 Rougemont，从 Sutton 到 Vermont，一座座被枫林染红的山岭，宛若枫叶筑成的长城。特别是在 Vermont 巧遇深秋雪后枫景奇观，更是令我仰天长叹这片得天独厚的土地，却原来枫景这边独好！

驱车行走在起伏的公路上看枫峦延绵，停车驻足赏雪压枫叶，当我脚踩深秋第一场积雪，扑向半树叶落却依然笑傲苍穹的枫林时，方知晓，我内心追的不仅仅是枫景。

那满山遍野的枫林，无论霜打雪压，顺时应势，气势磅礴地挺立在山岭，无声无息地任狂风暴雨袭击，坦然地守护故土，保持着自己的本色。对那些经历夏天的燥热、城市的喧嚣、逃离污染的空气，和快节奏生活的游人前来造访时，宽容地接纳他们，并安详地倾听他们的诉说。

高科技把人类带上了不归路，采枫糖也被插入塑料管道取代了手工技术，千变万化的价值观，影响着各族裔的生活方式；唯有山林川原河池泉井懂得逝者如斯，顺应变迁而多了一分冷静，从来不想逆转乾坤，或逃避眼前的现实。

每年踏秋，身体上接的是地气，补充的是氧气，精神上荡涤的是心灵的尘埃，和追寻一种泰然处世的宁静。

今年带时差追枫，倦意写在脸上，心里却无限欢畅。我有幸追赏了今秋枫景入冬前的最后一幕，怀着心满意足之情，带着感恩的心，迎接寒冷的冬季。

枫红依旧

朋友说，你看，你看！秋天，带着沉甸甸黄澄澄的玉米，和圆鼓鼓金灿灿的南瓜，还有那漫山遍野的红枫叶，来到了魁北克大地。于是，我们几位朋友开启了与秋天的约会。

今年秋游的第一站，相约在边陲小镇斯坦斯特德（Stanstead）。当我们的小轿车缓缓进入镇子时，它的风貌完全打破了我对以往光顾过小镇的认知：那种北美小镇以一个尖顶教堂为中心向四面展开的街区，和简朴的商铺排列成行的街道，全然不在我们的视线里。放眼望去，是几幢古老且极具特色的建筑物，依着地势而建，散落在各处。

我们一行人沿着小坡前行，迎面看到一座与众不同的教堂：从正面看，它由三个从低到高层层叠加在一起的立体三角形构成，白色的外墙上，每个三角顶部都有醒目的绿色三角形中间画有圆形的图案。教堂正门前是一片绿色的草地，左面和背后围绕着高大的枫树。红叶绿草白墙，天然的色彩融合着人工刻意雕琢，弥漫着小镇的味道。它建在坡的顶端，我驻足仰望着教堂的尖顶，一丝庄严感油然而生，尽管我不是教徒。

一转身，看见了不远处的枫树下有干活的人影。一边是高处庄严肃穆四处空无一人的教堂，一边是坡脚下一对勤奋的青年男女，在一棵布满了红叶的枫树下干活，男人劈柴，女人把劈好的木头放进卡车兜。红叶把浓浓的生活气息映衬得鲜亮醉人又透彻。

大伙挨个参观了镇子里名声在外的老歌剧院、图书馆、老邮局及海关的外围墙，（那天这几处场所均不开门）每一处建筑物外面的路上都铺满了红叶，一群人踩着树叶，听叶子发出喳喳作响的声音，我心里涌动着一首歌，歌中有对生命的赞美，情寄母亲和黄河。

从小路拐入主街道，我不经意向左右观望，都能瞥见高耸入云的教堂尖顶，远远望去像教堂森林。我突然联想到英国作家毛姆写的长篇小说，《人性的枷锁》男主人公菲利普所处的环境，一百年前在伯父是牧师的家庭里生活，每到礼拜日全家人着正装去教堂，是头等大事。可想而知，当年斯坦斯特德镇的教堂里是多么的红火。然而，今天碰巧是礼拜日，目及之处的教堂却是门庭冷落，唯有枫叶在阳光的照耀下还是像一百年前那样红。

在这座土地面积为一百一十三公里的镇子里，有六座建筑风格迥异的教堂。我对基督教或天主教的门派一无所知，自然说不出教堂外形的所以然，只知道传播教义是教堂最主要的功能，是宗教活动的场所。一路上我看到有的教堂墙体龟裂，砖石残缺，有的教堂封门闭户呈现一片荒凉景象，也有的教堂庄严地站立在小镇的中心，成了游客观光的景点。目前到底还有几座教堂延续它的功用，我心里产生了大大的疑问。

年初我们和友人驾着房车在美国西南大漠行驶了整三周，乌砾白沙，褐台赤壁，自古有炊烟，唯独不见教堂尖。难道纯朴的印第安人不信神灵吗？他们自然信天地鬼神，大树是他们的祖母神，石头是他们的祖父神，世间万物皆是神，它们无处不在，与人类共生存。

我们站在蓝天下大地上，行走在枫林中，看片片枫叶随风起舞，我脑海里那大大的疑问，化作小小的问号，消散在无边无际的田野里。世间万事万物顺应天地的变化，才是生存之道，枫树把根深深地扎进泥土里，生根发芽长树干长树枝长树叶，秋来红叶满树，红得真切红得朴素，红叶是它享受秋风秋雨后绽放出来自然本真的颜色。

远近望去，枫树百年红依旧，教堂变化似风云。

澳门掠影

这些年，先是全球爆发了百年不遇的瘟疫 COVID-19，接着局部地区的战争不断，迫使国际航班改变航线，给我们回国的旅途造成了极大的不便。今春购得转机回国的来回程机票，机缘巧合，让我们有了去澳门逗留一日的机会。

上午从珠海市的拱北口岸入澳门。那天阳光灿烂，光线穿射迎面葡萄牙人建于 1849 年的的凯旋门式拱门，历史的痕迹立刻映入了我的眼帘。这座被葡萄牙统治了四百多年的城市，以它独特的样貌站立在祖国的土地上。

我俩选择了澳门最具代表性的威尼斯人度假村，这个集酒店、会展、赌场于一体的场所，和大三巴牌坊，作为观光旅游的景点，随着涌向各赌场为游客提供免费大巴的人流，登上了前往威尼斯人度假村被当地人命名的发财车。

司机在人声鼎沸的喧嚣声中发动了车，发财车行进在公路和桥梁上，车窗外沿途的景物飞速后退，一种视觉上的自然现象，拉开了我和这座城市的距离。

车速渐缓了下来，慢慢的停在了度假村前方的停车场。下得车来，被它富丽堂皇及气势磅礴的外观，和往外溢着金钱的气质震惊，一股纸醉金迷的风迎面扑来，众人随风飘进了大门

沿着台阶而上，正对面宽阔的赌场大厅，像吸铁石一样把游客们吸引进去，而最吸引我们的场面，是室内的风格宛若威尼斯的 piazza 广场，人工运河，及唱着意大利歌曲的贡多拉

船。大厅顶部人造蓝天白云，在灯光的照射下增添的迷人景致，恍惚间让人感到游走在水城威尼斯，又有一种梦幻般的不真实感。

我们沿着室内街道缓步前行，两边高档服装、皮包名牌商店林立，奢侈化妆品店鳞次栉比，在这样一个封闭的空间里，处处弥漫着金钱的味道，这里就是一个砸钱炫富的场所，仿佛你不在此地消费，就违背了什么似的，大有让人喘不过气来的感觉。

在楼上楼下转悠了一圈儿，经过一家奢侈化妆品店，我婉言谢绝了一位说着一口流利普通话的葡萄牙小伙子招呼“姐姐，试一下这款减皱霜。”的推销之后，我们走出大门，迎着阳光，深深地吸着新鲜空气，终于，把刚才如踩在云朵上漂浮的双脚，落到了泛着尘土的大地上。

按计划去大三巴牌坊，打车最便捷，但是我们决定乘坐当地的公交车，用这座城市市民的日常出行方式，去观看历史遗址。

穿大街走小巷，我们看到街道两旁破旧的楼房一座连着一座，无论几层，每个临街的窗户都按装了防盗铁栏杆，像极了摞在一起的鸽子笼。密集的高楼黑压压遮挡了阳光，低层的住户家里见不到自然光，大白天也靠电灯照明，压抑、拥挤、嘈杂充斥着狭窄的街区。这景象与我们刚才出入的威尼斯人度假村形成了天壤地别的反差。

坐在通往大三巴牌坊的公交车上我就在想，葡萄牙的建筑也有牌坊吗？之前只知道大三巴是一座教堂的遗址，怎么就跟牌坊扯上了关系呢？等我们下了车走近它，才看清整座教堂被大火毁得只剩下基本完整的教堂正面前壁，看着跟中国的牌坊相似由此而得名。

站在台阶下仰望教堂那残垣断壁，我心中感慨万分。昔日的占领者，无论以怎样的形式想传播他们的思想理念，用人类的智慧建造多么坚固辉煌的殿堂，也经不住驻军堆放在教堂厨房里引燃的一把火。当年的人事早已灰飞烟灭，留下的是故土和生生不息的炎黄子孙，还有站在高坡上不中不西不伦不类的这座牌坊，以及在牌坊前摆出各种姿势拍照的人群。

对于浮光掠影一日游的我来说，澳门被打造的虚幻度假村是不真实的，尽管它模仿现实中城市的广场、河水，用灯光人为的美化天空和云彩，却不接地气，置身其中顿时视金钱如流水不知天高地厚。澳门那些拥挤的街道，和不见天日的住家，是真实的，市民为买便宜的蔬菜水果，起大早去珠海早市采购，又匆匆返回澳门自己的住处，把新鲜蔬菜做成美味菜肴，有滋有味儿的吃一顿，他们贴着地面来贴着地面去，踏实的花钱，深知天的高远地的辽阔。

也许澳门就是人类生存的缩影，在虚幻与切实之间推动着世界前进。

西南大漠行（一）

每年中国农历新年，正是蒙特利尔寒临城下，大雪小雪铺天盖地的季节。2023年的正月似乎比往年的雪多了好几倍。应定居德克萨斯州多年的老朋友之邀，我俩在破五的欢快中，南下避寒。

出发前夜，狂风暴雪席卷了蒙城。友人忧心的发微信问“能否顺利成行？”我望着窗外漫天飞舞的雪花回复：“一切随缘。”乘机当天，没有接到取消航班的通知，老伴儿叫了出租车，司机顶风冒雪用十二分的小心将车出溜到了机场。飞机起飞前做了机翼除冰处理，我们终于乘机穿越风雪，站在了休斯顿机场通往航站楼的廊桥上。

走出机场，眼前飞舞的是一道道阳光，那光芒飞到哪里，哪里就产生暖暖的气场。想到将要在这片蓝天绿草，阳光照耀的土地上，度过几周的时光，愉悦的情绪涌进了我的心房。

我们按照原定游览州内州外，几个享有盛名的国家公园的计划，驱车向西南行驶。

随着车轮在高速公路上飞转，繁华的都市急速向后倒退，眼前是连绵不断的叠嶂山峦，一片连着一片的戈壁砂石，和石缝里冒出一簇簇剑麻，无名荆棘及仙人掌。我为荒凉的景象发出无奈的叹息声。友人一边看着荒原，一边不无歉意地说：“早知道请你们来是看这般景像，就不如我们一道去弗罗里达享受海风细浪。”我笑着说：“荒漠海滩各有各的景色，既然咱们选择了这条旅游路线，安心观赏沿途的风景便是。”

到达大湾谷（Big Bend）国家公园时，正值夕阳西下时刻，那橘红色的光映照在山上，山依偎着光线，险峰峻岭露出了柔柔的脸膛；照在谷底我们的营地上，发出一闪一闪却不那么耀人眼目的光亮。我下了车情不自禁地张开双臂扑向高山，高山低头看着我孩童般的模样；我用手捕捉闪闪的阳光，光把我拥进怀里，透过指缝抚摸我的额头脸颊，和嘴角扬起的欢唱。

第二天我们选择了窗口路径，（Window Trail）开始踏山行。沿着狭长的峡谷石径呼哧带喘地向前行走，正准备像小孩子问大人“Are we there yet?”的时候，突然看到峡谷的尽头豁然敞开着一扇自然天成的石窗。我喘息着依岩石窗台而坐，在天宽地宽的一个点上，深深地吸了一口气，从窗口眺望远处的山川，幻想着夜深人静的时候，能从这里看到满天繁星，一伸手星星就滑进手掌。

当晚明亮的凸月高高地悬在天上，给营地洒上了一片银光。我抬头望着空中稀疏的星星，几乎看不到亮晶晶的星光。走进房车，来不及整理在深山峡谷的夜晚却只看到几颗星星的失落心绪，我们就迎着朝阳，开车驶向下一个景区。

出德州进入了新墨西哥州。四面依然是荒郊野岭，车窗外的景象是无尽的戈壁沙漠，和一望无际的烁石乱岗，望不断的高速路仿佛直到天边。坐在车座上，我越看越感到口干舌燥，只有十二个字跳进我的大脑：愁，真愁，愁煞人。哭，想哭，放声哭。

还没等我哭出声，我们就抵达卡尔斯巴德洞窟（Carlsbad Caverns）国家公园。披着阳光进入洞窟，我们一行人的眼睛都不适应溶洞内的黑暗，稍稍站定调整好视线，我立刻就被眼前不可思议的钟乳石构造惊呆了。几亿年前雨水侵蚀山体的石灰岩而逐渐形成溶洞，嶙峋的石灰岩形成千奇万状的造型。

我屏住呼吸，轻手轻脚顺着人工铺就的小道，挨个观看天然神功：狮子尾巴、枝形吊灯等那些已经被命名的景观，但在我的眼里，溶洞里钟乳石的模样包罗万象，从远古的恐龙形象到小蚂蚁，从山川河流到峡谷沙漠，从观音头像到十字架，别有洞天的地下世界，与陆地天空是一个整体。听着一滴滴水声，我静默无语。

出溶洞继续向前行，一路沙漠中突起的平顶山（table mountain），让我感到大荒中有山，山顶被大自然造就得平整坚硬，就算是把水平仪放上去，也不差毫分。奔向亚利桑那州石化林（Petrified Forest）国家公园的途中，刮起了大风，被风吹起的沙土旋转着移动，像风神手里舞动的绸带，大漠尘烟弯曲扭动着的形态像蛇，它竟能瞬息万变忽而扬起头吐信子，忽而蜷缩成一团原地打转。

房车被风吹得左右摇晃，我们不得不停下车来躲进公园服务中心，等风力减弱一点再做打算。当我透过落地窗看到古树化石的那一刻，心被震撼，不顾四面大风，冲到了户外的一根化石树干前，怀着深深的敬意，手捧万年的流沙，扬撒天空，抚摸数亿年风化的树石，泪水顺着面颊流淌成河，为天动容，为地哭泣。

问苍天人为何物？天不说话，日月星辰风霜雨雪，雾霭彩霞电闪雷鸣，是它的回答。问大地何为生命？地不言语，险峰峻岭峡谷山川，溶洞河流飞禽走兽，土族遗址侵略者足迹，沧海桑田古树变化石，那不只是壮观美景，是母亲坚韧力量对孩子的哺育。

我们移民，就如同有着顽强生命力的剑麻仙人掌，植根于一片文化沙漠地，选择了这样的土质为自己的家园，唯有顽强生存才能生生不息。我们是天地的孩子，仰望高山，我就是一颗沙粒，没有了理直气壮的神气；面朝大海，我就是一滴露水，没有了指手画脚的气力。哪里有什么绝对的真理，美中有丑丑中有美，强中有弱弱中有强，万物变化生命轮回，此乃天地大道也。

望天高无际，放下一切痛苦与烦恼，看大地无边，包容所遇人与事情。我是万物一份子，渺小如尘埃，随风而去。

西南大漠行（二）

年初西南大漠行，路途那一片片触目惊心的荒原带给我心灵强烈的震撼，和电影 *Everything Everywhere All at Once* 结尾时，宽影幕镜头下那对石头在荒山野岭上的对话对我灵魂的触动，竟然产生了异曲同工之效。

我们在这个纷繁的世界上谋生，无论是移民前过着自己熟悉的生活，还是移民后过着杂乱无章的日子，都是城里来城里去，头顶蓝天脚踩柏油路。白天在高楼林立的街道上行走，夜晚看灯海中霓虹灯闪烁，全然不知鸿蒙初辟天地大象，不知漆黑的夜空中闪耀的星光。虽然我们夫妻俩每年都驱车游远山近水，但从未有过像这次数周行走在西南大漠的经历和体验。天高地阔，那是宇宙胸襟的博大：接纳世间万物，宽容戈壁沙漠。

驱车驶向瓜达洛普山（GUADALUPE MOUNTAINS）国家公园的高速路两旁，处处烁石砂岩，满目苍凉，就连进入公园的路也是由碎石子铺就。通往这座德克萨斯州最高山峰的山间路径，完全是任由前人踩踏而形成的自然小道，有些路段甚至难以下脚，被游人誉为最难玩儿的公园。

由于海拔的起伏，公园内里拥有荒漠、草原、丘陵以及森林地貌。时值冬季，枯黄的枝叶让周围的环境更显的荒芜。就在这寸草难生的大荒地里，我看到剑麻把根见缝插针般深深地扎进了石缝沙土中，长出高高的花箭，远远的望去，就像一棵细高的树，它随风晃动，把种子撒向了四面八方。虽然过季的杆儿绿色全退，只剩下深棕色空果核，但它依然挺拔向上迎风摇曳。我被它顽强的生命力震撼，驻足仰望那直插云天的花箭，想象着它籽实饱满在空中爆裂，一团团生命礼花繁衍生命的壮美大气。

我们行走在陡峭的山坡上，随手触摸着沧海桑田形成的珊瑚礁化石，突然间感觉到身体里有一条看不见的丝线，把我和远古紧紧相连。

站在这旷野里，俯身在山脚下，我才开始认识原本的自己：一个大自然的孩子，无知懵懂，盖着蓝天铺着地，敬畏天地鬼神，在万事万物变化中求生存，向生命而行。珊瑚礁离了水不得活，是尊天道，是大自然的生存规律，几经地质变化它以珊瑚礁化石存在于世，外形变了，生存的内在本质依旧。它们天生天养，天生天灭，自身没有道德规范、文化传统、宗教信仰，却沿着生命的本源之路前行生生不息。

环顾四周回到内心：我带着已经被固化的芝麻火烧，来到这片文化沙漠里，转手交给了女儿，在她的手上握着的，变成了撒着芝麻和多种口味儿的贝果。看着她津津有味地吃着裹满了罂粟粒儿的贝果，我对她说：不能往贝果上撒罂粟粒儿！不能往贝果里放巧克力豆儿！态度是那么不容置疑，声音是那么铿锵有力。

这声音响在这一望无际的荒野里，越来越弱，随风飘来苍凉的气息，它带给我恐惧，这气息一点点扑灭理直气壮的火焰，将它化作泥。

高山包容小丘，大海容纳溪流，荒漠唤醒了我沉睡的基因，那就是渺小与谦虚。无论是电影中母亲努力挣脱过去，发现新的生活意义，又或后悔没听父母的教导，安分守己，还是女儿与妈妈的观念背道而驰主张一切应该化为乌有，人还是跟着宇宙的变化而变化，这个世界上没有绝对的真理。

大地对万物的爱，让两块宇宙荒漠中的石头，产生生命的冲动滚入谷底。作为个人在现实生活中的艰难困苦、委屈受挫、迷茫困惑、辩解孰是孰非、争论高低胜负，在固定的时间框架里被放大、被纠缠，大有泰山压顶之势。而在这荒芜人烟的大漠，这林林总总就显得无足轻重，被风沙雨雪吹散化解：放下一切自以为是，渴望生存才是头等大事，只有彼此珍惜、包容，才能相互拥有，只有抚摸化石的一条条纹路，方知晓转换变化才是宇宙的定律。

高山大川不教训小丘砂砾，它看着它们默默无语；大洋大湖不拧着小河笔直奔流，它望着弯曲河道轻轻的呼气。远古现在未来，你和我都是天地间的唯一，因着这唯一，世界才多姿多彩，因着这唯一，世界才生动美丽。

都说旅游是一种对疲惫不堪伤痕累累心灵的治愈。大漠荒原对我不用苦口婆心的开导，不用中西诊断，随着地球自转给我开出了良方，那处方飞舞着带我看日月星辰风霜雨雪，听海啸雷鸣山崩地裂，我像一个新生儿，经风雨见世面。

双脚踏在大地上，回归了心平静气。你来或者不来，沙石岩壁就在那里，我去或者不去，高山大川依然挺立。俗话说人算不如天算，天，在人类出现之前，每一刻都在，它从不算计。人，每一刻都动，动脑筋算计。这是天与人的区别，领略了其中的奥妙，就会放慢脚步，放低声音，收回心里的算盘，纳天地之气。

感恩苍天，感谢大地，我有幸站在天地间，心头放下执念，眼界处处皆宽。

雾里看枫

自打我移居枫叶之国加拿大之后，从来踏秋观赏枫景都是等到漫山红遍时，似乎非如此，就不能领略枫叶的独到和精彩。我朋友充满诗情地倡议，今秋，我们从枫之情窦初开，到那枫情万种，再到枫情飘散，一路看去，随枫起落，如何？我欣然赞同。

九月中旬的一个周六，我们两家相约去 Mont Mégantic 观赏枫情。

清晨 6 点，我们驱车前往 Mont Mégantic。随着天色渐渐泛白，时隐时现的晨雾，和高速行进的车速，把公路远处山林中，那些已经开始初显红色和橘黄色的枫叶，映衬得如同绿色丛中飞舞的彩蝶，难以捕捉，又着实撩人心扉。公路两旁的树林里偶然冒出一簇红叶，都令我们在寻觅中感到惊喜，每见此景都会发出兴奋的赞叹声。心里不断憧憬着到山顶看枫之情窦初开的迷人景色。

将近三个小时后，轿车终于抵达 Mont Mégantic 公园，我们一行人几乎是最早到达这里的游人。此时天空飘动着云雾，售票处的女士看着窗外的雾色，有些担忧地对我们说，今天可能看不到远山的枫情。可我们依然决定先开车直奔山顶，怀着侥幸心想，如果我们走运的话，有可能在雾气时轻时重之间，得空看到整座山峰的枫情。

车越往山顶爬，雾气越浓，执著之心驱使我们继续前行，到达山顶时，我们完全被浓雾包围。摸索着站在山顶观景台上，只看到灰蒙蒙的天空，和雾气腾腾的脚底，浓雾滚动在四周，能见度只有几米，我担心如果天不放晴，就枉此行。正当我们不知所措，东张西望时，听得我丈夫喊道："看，前面好像有个小教堂，"我和友人疾步朝教堂走去。

进得教堂，里面是一片明净和安详，定睛透过教堂的窗户，在迷雾中依稀可见教堂侧面成堆的因努伊特石堆（Inukshuk），和树立在石堆旁的十字架。我的心顿然释怀：无论是人类宗教信仰的标记，还是这些象征分享、友谊、和信任朴实无雕琢的石头堆，都是迷茫人的主心骨——你来了，别担心，拨开重重迷雾，前方充满希望和光明。

在山顶看不到枫情，只缘身在迷雾中，我们调整了看枫情的位置，沿着下山的林间小道走去。越往下走，雾气越小，虽然不能眺望远景，但看到林中枫树那咋有还无的红黄树叶，如同看到情窦初开，面含青涩，垂下眼帘，娇羞无比的少女，惊喜中带着怦然心动。

开车返回山脚下，从停车场望山峦，眼前竟是我们寻找的红叶初显的枫情：绿叶不疏，黄叶渐红，被雾水打湿的山林，呈一派枫情初露端倪的景象。青山依旧在，处处露枫情。

想当然地以为登高望远，才能一览枫情，甚至不顾显而易见的浓云密布，想当然地以为雾里看枫情别有一番景致，以至不屑一顾眼前的美景，到落得灰蒙蒙一片无光景。究竟是山顶的浓雾使我们无法看到枫情？还是我们那颗执迷不悟，如浓雾般的心驱使我们在一味追求形式的过程中忘记了内容？我们要拨开路途的重重迷雾，不正是我们执拗而迷茫的内心吗？

放下了心里的迷茫，看山间、公路、河边、沙滩，处处都有景致，点点都露枫情。雾里看枫，枫红枫绿依旧，却不见枫树真面目；心中无雾，枫红枫绿依然，林间湖畔处处展枫景。

返回蒙城的路上，夕阳在云层里时隐时现，远处的山峰雾气已经散去，我们心中的迷雾也被阳光驱散。

湖泊不知趣事

Walden Pond 是位于美国马萨诸塞州康科特的一片湖，它因作家梭罗写的散文集《瓦尔登湖》而闻名于世。我们蒙特利尔华侨新报文学营一行十四人，在今秋十月，看万山红遍，层林浸染时节，慕名寻访了瓦尔登湖。

这片大约一万多年前冰川退缩形成的湖泊，从诞生的那一刻起，就静静地躺在那里，任凭风吹雨打，随影日出日落。它万万没料到：1845 年一位叫梭罗的青年男子，独自在湖边搭建了一座小木屋，安然入住，开始了他 2 年 2 个月零 2 天的湖边隐居生涯。

看着夹在方块字中间，我刚刚敲出的三个阿拉伯数字 2，不禁哑然失笑了。2 的发音，不知从何时何地起，老百姓赋予了它一个特定的含义：指一个人的脑子缺根弦，或者有点儿傻的意思。而我的生日恰巧也有三个 2，2 月 22 日，这个日子常被朋友们拿来调侃我："你这也忒 2 了吧。"我总是回以傻笑。

姑且用中文的意思说说梭罗"忒 2"的这段生活经历吧。在那个喧嚣躁动，大多数人都被裹挟着追求物质生活的年代，梭罗选择美国独立的 7 月 4 日与湖为伴，离群索居，向自己，也向众人，宣告了他的独立与寻求心灵自由的行动。

梭罗把生活简单化，自耕自食，食物"总是黑麦和不发酵的印第安玉米粉、土豆、米、少量的腌肉、糖浆和盐"。在入住的头 8 个月里，他在饮食的花费只用了 8.72 美元，但他却毫不吝惜的用 8 美元，买了一个单筒望远镜，用以观察星空，观望飞鸟。从望远镜孔里看到的世界，让他反观自己之前的生活，和湖边被砍伐轰然倒下的一排排树木。

没有了争名逐利的拼搏，没有了发财致富的算计，他投入自然的怀抱，放松了紧绷的神经，听潜水鸟在湖中高声大笑，感受松针落地的神奇，把日子填满了冥想，和与大自然融为一体的舒畅，沉浸在湖光山色里，在滴答的雨声中写作，任清风吹乱了他的发际。

这种近似桃花源般的出世状态，让梭罗走出“忒 2”返回尘世后，带着一颗平静的心，应对眼花缭乱的纷繁事物。

我站在后人复制的梭罗小木屋前，看着屋前 1：1 塑造的梭罗铜像，被他专注盯着自己左手的神态折服。不由得想到了两句诗“梭罗这人有脑子，像鱼有水，鸟有翅膀。”人类有双手，甚至用左手劈柴、写字，也能创造出属于自己的世界。梭罗正是用自己的手，制做了一屋、一床、一桌、一椅，开荒、种菜、捕鱼。他用劳作的手，掀起了一场一个人的革命。

站在博物馆梭罗原创用中国藤床垫制造的简单小床前，我仿佛看到华夏祖先物尽其用、顺其自然、日出而作、男耕女织，用双手编藤垫的场面。它是东方元素在西方的点缀吗？追根溯源，它是人类顺应天道的共性。

我沿着人工开辟的小道绕湖一周，沿着梭罗的足迹，边走边思考《瓦尔登湖》书里传递的思想。这本书对于我来说不是一本容易读的书，尽管没有生字，但书中描述那遥不可及近乎神话的事情，让我有时读它还真是读不进去。特别是近年来简朴、极简、淡然甚至成了一种新的消费流行，我觉得如果刻意模仿梭罗的湖边生存状态，消费瓦尔登湖，就有些重形式轻实质，让书走样了。

我第一眼看见瓦尔登湖，它就是不动声色地呆在原地。湖水从来就不知到梭罗是一个灵魂有趣之人，以后也不会因为在它身边再诞生一个梭罗二世而翻腾。

湖水时不时有被掀起的浪花，那是游泳健儿奋力划水的搏击。我看到有两位中年女泳者在湖边做下水前的准备工作，就饶有兴趣地上前问她们水温是否适合游泳，其中一位回答道当天的水温只有 63℉，对不常在湖里游泳的人来说，水温有些低，但她俩没什么问题。聊天儿得知，她俩从小就来湖里游泳，瓦尔登湖是她们的天然游泳池，是生活中的一部分，亦如《瓦尔登湖》里描写的纯朴情感，甚至是土得掉渣儿的光景。

离开她们，我认真想了想自己的“忒 2”非梭罗的“忒 2”，但人在匆匆谋生活中放慢脚步，傻傻地行走在山水间，仔细品人生滋味，心念自然平淡。回到营地，我感觉自己就像一块被太阳照射的冰，慢慢融化，冰水一点点汇入瓦尔登湖，无论何时，无论何地，心中一样静。

在“北方好莱坞”做群众演员

我移居温哥华之前不知道它素有“北方好莱坞”的美称，直到我搬迁温哥华，在一次跟朋友不经意的聊天中，他介绍我加入了温哥华群众演员的行列后，方领略了这座电影城的风采。

温哥华是一座没有工业的城市，可是从地图上看，在城市的边缘有许多灰色的建筑群标记，那就是隐藏在这山水城市间的电影摄影棚、服装仓库、道具仓库等电影业所需要的附属产品储藏间。于是当地居民做群众演员和工会演员便应运而生，我也随行就市成为群众演员队伍的一员，在拍摄电影、电视剧的过程中体验了这种自由职业的酸甜苦辣。

成为群众演员的途径有几种，我选择了通过电影经纪向电影公司推荐演员这一途径，即每年给电影经纪交 25 加元的会员费（经纪从群众演员每次拍戏的报酬中提取 15%的佣金），由电影经纪跟电影公司联系促成我出演各种合适的群众角色。这种途径的好处是，只要电影公司接到北美各电影制片厂的新拍片子，就会给所有的电影经纪发信息，经纪会根据导演对群众演员的要求向电影公司提供其会员的详细情况，如：年龄、种族、身高、体重、性别等，电影公司收集各经纪的信息后筛选他们认为最合适的人选，然后把名单发给各经纪，经纪人就会给被挑选到的会员发详细的电影名称、场景拍摄地点、演员集合时间、角色服装要求等，作为群众演员在接到这些详细信息后就可以前往集合地工作了。

集合地通常都在城市边的停车场内，这样便于所有参加电影拍摄人员停车、便于支起容纳几十人甚至上百人的帐篷、便于停放移动服装车、移动化装车、移动卫生间、移动餐车等。

每个电影制片厂雇用的群众演员协调员都是临时抽调的，我们群众演员参加拍戏前填写的一式三份表格（领工资凭证），和日程安排都由协调员来管理。在集合地我们首先签到、填表，然后由服装师检验我们的服装、化妆师给我们化妆、美发师给我们定发型。虽说我们是群众演员，绝大多数在背景中只是一个模模糊糊的背影，但服装师会精心检查每一套服装，甚至连皮鞋上有一点灰，她都会亲自蹲下来为你擦拭；化妆师会根据剧情的需要为你化妆；美发师会仔细到连发卡都会换上不反光的专用发卡，一切就绪后我们坐专车前往拍摄地点。正式开拍前我们都在离场景不远的等待区待命。等待区一般情况下都在室内，有时是场景附近的会议室、餐厅、旅馆的接待室、摄影棚的休息区，或者是仓库的一角和临时支起的帐篷。

我作为群众演员参加拍摄的第一个场景是纽约金融区街上的行人。服装要求是现代白领着正装。

那天按照经纪人发给我的指示前往集合地时，我被那些来自四面八方、手拎各种服装箱的群众演员阵势给惊呆了，他们个个精神饱满、谈笑风生，轻车熟路地应付各种拍摄前的准备工作。正当我站在帐篷外面不知所措时，我的经纪人出现在我眼前，我刚要说幸好你来了，她笑着说她就是专门来帮助我这个新手的，在经纪人的帮助下我完成了准备工作，开始体验全新的群众演员生活。

在执行导演的带领下我们开始在布置好的街景场面彩排，手拿咖啡杯、当天的报纸和文件包的群众演员，按照执行导演的要求一遍又一遍地来回走场，正式开拍后同一个镜头拍了六七次，这一天的工作就结束了，而我从签到、准备、等待、吃午餐、彩排、拍摄一共用了八个多小时，除了减去吃饭时间的半个小时，我们的工资是从签到那一刻算起到拍摄结束为止。

从那时起，我像模像样地做了十几部电影和电视剧的群众演员。在同一部电视剧里我既扮演过参加上流社会鸡尾酒会珠光宝气的贵妇人，也扮演过餐馆里的清洁女工，演过俄罗斯大使馆宴请各国大使的中国大使夫人、前苏联官员、听歌剧的阔太太、机场候机的旅客、晨练的跑步者、车行促销的观众、中国街景的路人、泰国菜市场的顾客、新闻发布会的要员、幼儿家长、洗衣工厂的工人、酒店的住客、中药店的老板娘等。

通常群众演员都是按照场景的需要带自己的服装去拍戏，一般情况下带三套，由服装师选择决定来用哪套服装。我自己的服装达不到场景的要求时，制片厂方面就会通知我去指定的电影服装租赁公司试衣服，有时前后十几分钟就试好了，厂方也会按两个小时付给我工钱，有时两个半小时才试好，厂方就按实际小时数付给我工钱。那身珠光宝气的服装就是租来的，跟服装搭配的首饰、皮包、皮鞋等零碎，都让我大开眼界。

由于电影拍摄对天气的要求不同，群众演员就要有应对各种天气的心理准备。有一次拍摄天外来人作讲演的场景要求是阴雨天，拍摄的那天果真下着大雨。我穿了足够的御寒和防雨衣服：在雨衣下面加上了羽绒服，穿了防雨的棉鞋，我们的道具就是打一把黑色的雨伞。尽管如此，在狂风暴雨中站立一个小时，近百名群众演员都被风吹雨打得直哆嗦，我正好站在最后一排，一眼望去雨伞挨着雨伞的人群尽力靠在一起，就像是企鹅挨在一起抵御风雪严寒一般。我感动得鼻子一酸，泪水伴着雨水流满了面颊。尽管群众演员都十分明白拍戏不是谋生的手段，导演也不会强迫我们坚持拍戏，可是没有哪个群众演员弃伞而逃，没有哪个群众演员明知道连着两天都是同样的拍摄条件而旷工。这里的群众演员各个兢兢业业，这里的工作人员各个尽心尽职。服务人员默默地把热腾腾的鸡汤在拍摄休息瞬间送到每一个人的手上，并关切地说“趁热喝几口，驱寒。”一部电影就是由这样的敬职人员完成的。

大多数白天拍摄的场景不管天气如何都好应付，夜里拍摄的场景就比较难奈和煎熬，问题是当我们事先答应经纪人某天可以参加拍戏时，经纪人并不知道集合的时间和地点，只有最后一刻在接到影片方面的通知后才告知我们，所以我也有赶上拍夜场的时候。

那是一个温哥华十一月底阴冷的日子，场景却是夏季的上海金融区，经纪告诉我除了带夏季的服装外，也可以带一件棉衣防寒。轮到我们群众演员上场时已经是夜里两点多了，我们被告知可以披着棉衣，正式拍摄时露出夏装。那天真的很搞笑，由于大家排列的位置很分散，我正好站在最远处带有挡风雨亭的站牌下，没听到执行导演的指令，当镜头需要所有的演员都脱去棉衣着夏装仰望天空飞过的降落伞时，我依旧穿着棉衣，那从天而降的跳伞镜头一次就通过了，所有的人都鼓掌时，我才意识到我还穿着棉呢，正值我诧异之时，执行导演从我身边走过小声说：幸好你的这位置摄像机拍不到，否则就砸了。夜里拍戏，大家的反应都慢了半拍，连平时处处关注的执行导演在夜里也不能眼观六路了。我穿着棉衣熬到拍戏结束，连跌带撞地乘头班天铁回了家。

要说等待区的级别，我也享受过五星级的待遇呢，有一次拍戏的场景就是在一个五星级酒店内。等待区内灯火通明，铺有柔和桌布的圆桌供我们群众演员使用，装修讲究的天花板、吊灯和木地板带有地毯的地面，设备高级的衣帽间和洗手间一应俱全，在等待期间手里捧一杯咖啡，边饮边读小说，可谓美事一桩。在等待区等待期间的另一桩喜悦之事，就是认识来自世界各地区、各种族的新朋友，大家津津有味地聊天儿，把等待的无趣驱散。

做群众演员有时比较辛苦，比如等待区设在帐篷里人多地方狭窄，再赶上下雨天，外面下雨里面流，取暖设备有限，这种情况着实难受。但大多数时间段做群众演员是轻松愉快的事，执行导演让我们干什么就干什么，没事的时候在舒适的等待区内自由活动。这是一种没有紧迫感的工作，没有跟固定的老板以及跟同事打交道的问题，没有上班族或当老板的工作压力，只要把时间和精力交给执行导演就好了，这也就是大家明知道不能以此为职业养家糊口，还是有许多人乐于干这一行的原因。这个职业比较适合家庭妇女、退休人员、自雇或者自由职业者、放假的学生和业余演员爱好者，在某种程度上说这是一举三得的事——有个事情干少无聊些、挣点零花钱花零钱方便些、结识新朋友情绪轻松些。

群众演员，温哥华一群积极的生活者；群众演员，温哥华一道靓丽的风景线。

第三辑

幼儿园趣闻

冬眠的小熊醒来了

这个星期一的讲故事时段，我给大班的小朋友带了一本《Bear in Winter》的故事书。当我一边把书中的彩色插图展示给大家，一边绘声绘色地讲书中的小熊在大熊的带领下滑雪橇时，一个小男孩儿举手说："Lili，上个星期五你刚告诉我们熊在冬季会冬眠，怎么你讲的这个故事又说熊在冬天玩儿雪呢？"这个问题像一颗启明星一样照在他的头上，一下子就吸引了我的注意力。

我望着他回答道："嗯，你的问题提得好。上个周五，我给你们讲的是熊的自然属性。而熊在艺术和神话中常被描绘成四季出没的勇敢者。这本小书的作者，用她的想象力，编写了一个熊在冬季醒来的故事。她说小熊从来不知晓冬天的模样，更没有滑雪橇的经验，也不知道该怎样与朋友分享轮流坐雪橇滑雪。结果它们四只小熊互不相让，全挤在一个只能容纳两个小熊的雪橇上，顺着滑坡下滑时，全都被甩在雪坡上了。"

还没等小朋友们反应过来故事的寓意，另一个小女孩儿也举起了手，当我示意她可以发表意见时，她说："Lili，你跟我妈妈说的一样，我妈妈也说动物没有想象力，我们人是有想象力的。我在家里看电视，动画片里的故事都是人用想象力编的。但是，动画片是动画片，幼儿园是幼儿园。我们可以想象奇妙的事，但不能生活在幻想里，对吗？"

我惊讶于她的分析能力和表达力，顺着她的话题，征求其他小朋友的意见。只见一个小男孩儿举手说："我喜欢想象，要是每天上幼儿园不做游戏的话，就太没有意思了。”另一个小男孩儿说：“光打游戏机，会坏眼睛，光玩儿游戏，太吵闹太疯癫了。”我就跟小朋友们说：“那我们就把双脚放在地上，每天走到幼儿园来，走回家里去，过真实的日子。把脑筋放在天上，任它想象、飞翔，好吗？”全班的孩子都欢呼雀跃起来。

在当天的美术活动中，我让小朋友们自己选择手工材料，绘制自己喜欢的作品。过了一会儿，只见一个小朋友举着他的画儿走到我跟前，迫不及待地讲述道：“Lili 你看，我是魔术师，站在树上，用魔棍让这棵树在冬天也长出绿叶子，鸟儿在冬天也有树叶子吃。”我仔细一看，那幅画的树上果然站着一个人，大大的眼睛，长长的手臂，一手握着短棍，一手握着枝条，枝条上画满了树叶子，有好几只小鸟站在树枝上。稚气十足的画风，竟产生了呼之欲出的感觉。我从他的眼睛里看到了无穷的想象力，和天真的幻想。还没容我夸赞他画的画，他已经被别的小朋友叫去拼图了。

这些幼儿每天都生活在现实与幻想的交叉中，他们一会儿天马行空地在戏剧区域扮演各种超越现实的角色，一会儿知好歹地按作息时间表排队出入教室和户外活动区，按照规则做各种活动。

幼儿就在苦思冥想小熊冬眠还是不冬眠的问题中，慢慢地长大，带着自己的思考走进学校，走向社会，迈向未来。

Lili 老师

母亲是一名中学老师，自打我记事起，“老师”这个称呼就天天响在耳边。不仅听学校的学生和其他老师称母亲“李老师”，我们一群在学校家属院里生长的孩子们，称相互的父母也是“张老师、王老师......”。

在华夏文化中，称呼教书之人老师，是尊师之道，是天经地义之事。要是有人直呼其名，那就显得有所不敬了。

上个世纪八十年代末，我跟随在麦吉尔大学读博士的丈夫来到蒙特利尔时，一句英语也不会说。为了尽快适应留学生活，我报名上了一所夜校的初级英语班。

开课的第一天，进教室见到老师，我用自己知道的为数不多的英语单词，恭恭敬敬地跟她打招呼道：“Teacher！”。她微笑着跟我说：“My name is Mary, please call me Mary.”。我只看见她的嘴一张一合，根本不知所云，便迅速找了一张课桌坐下，茫然地环顾四周。

一上课，老师给每位同学发了一张看图说话的复印纸，我看图一目了然，可是连一个英语单词都不会说，只好举手。老师示意我提问，我开口“Teacher”，她马上更正“Mary”，并用肢体语言，指着她自己，一字一板地对我说：“My - name - is - Mary.”。我目瞪口呆地睁大眼睛望着她，忘记了要问什么，大惑不解地在脑子里想，学生怎么可以直呼老师的大名呢？这对老师是多么不尊敬呀。

移民蒙城后，在打工、上学和工作的过程中，我才慢慢了解了一点儿当地关于称谓的习俗：在北美“Teacher”指的是职业，不用作个人称呼。（只有大学教授等，是姓氏前加了职位，比如：Professor Smith。）在北美文化里，名字是一个人的代号，是独一无二的个体，职业称谓不代表个人。虽然 Mary 是英语老师，但在她的意识里，我们是跟她学英语，所以，让学生称自己的名字“Mary”，这样直呼其名，对她来说，顺理成章，根本就不存在尊敬或不尊敬的问题。

跟 Mary 学了两年英语后，我注册了瓦尼尔学院为成人设立的早期幼儿教专业。从学院毕业后，正经八百地当了幼儿老师。我自然而然地向班里的小朋友们作自我介绍：“My name is Lili.”。把“老师”这个从小就扎根在我头脑里的称呼，甩到脑勺后面了。

我在一届又一届的幼儿叫着“Lili”的称呼中，做了近二十年的幼儿老师，从来都没有想到，我退休前带的这个班，在来自世界各地孩子们每天喊着“Lili 老师”的称呼声中，度过了一个对“Lili 老师”有全新认识的学年。

新生入园的第一天，一位从国内来的老人，带着他的孙女，在园长的引领下来到我们中班。园长把我介绍给老人后，对他说：“Lili 说中文，你有什么问题可以尽管问她。”然后就去忙别的事情了。这位老人一听我可以讲中文，顿时喜出望外，礼貌地说：“Lili 老师好。”然后转身对他的孙女说：“这位是 Lili 老师，快叫 Lili 老师！”小女孩儿怯怯地叫了一声“Lili 老师”。

我一听到这种称呼，乐了。蹲下身来，对孩子说：“我叫 Lili。你管叫我 Lili 就好。你叫什么名字呢？”站在一旁的孩子爷爷连忙对我说：“Lili 老师，怎么能让孩子直呼你的名字呢？这样的话，孩子学的也太没有礼貌了。”然后严肃认真地对孩子说："记住！你不能叫 Lili，要叫 Lili 老师！"从此，这个女孩儿就管我叫 Lili 老师，我也就顺其自然，应声回答她提出的各种问题。

没料到，另外两名从小班升到我们中班的华裔孩子，也跟着这个女孩儿叫我"Lili 老师"。一天又一天，班里其他族裔的孩子们，也模仿着他们，字正腔圆地叫我"Lili 老师"。

有一天，在我们讨论太阳系的主题活动结束后，一个英裔小女孩儿，一边叫着"Lili 老师"，一边让我跟她玩儿太阳系的游戏。她走到我身边对我说："Lili 老师，假装你是太阳，我是地球。"说完就从我身边跑到了教室的另一个角落。

我不解地叫她："Victoria，你跑到那儿干嘛？"她一本正经地对我说："别叫我 Victoria，我是地球，我有山川河流，有树木花草，有人和动物。我们需要太阳的光和热，但是太阳太热了，我要是呆在太阳身边就会被烫坏的，所以，我必须从太阳身边跑掉。太阳，你站在那里别动，现在可以给地球发光发热了。"我一边听着她富有想象力的即兴解说，一边迅速在脑子里寻找适当的道具，用以配合她自然而然的真情流露，我灵机一动，顺手在身边的玩具柜里拿起一只小手电筒，向她作出发光发热的动作。她张开双臂装着接受阳光后，一边笑着跑过来一边说："Lili 老师，咱们一块玩儿拼图吧。"

Victoria 的想象力，和不把"Lili 老师"当老师，顺从自然关系的天真之举，深深地触动了我的心。

当我望着孩子们晶莹闪亮的眼睛，听着他们用中文叫我"Lili 老师"的时候，我知道"Lili 老师"这个称呼，对他们来说全当好玩儿、新鲜和随大流儿，已然没有了它原本的含义和价值观念。

"Lili 老师"，成了我幼教生涯里一段有趣的事。

幼儿园里看圣诞节

“O Christmas tree, O Christmas tree, your leaves are so unchanging. Not only green when summer’s here, but also when it’s cold and drear. O Christmas tree, your leaves are so unchanging.”当这首圣诞树歌响彻我们幼儿园的每个角落时，我驻足，凝望深绿挺拔的圣诞树醒目地站立在前厅的一瞬间，这歌声恍惚穿越了时空，把我带回到25年前那个欢庆圣诞节的聚会。

那是我们三岁的双胞胎女儿，来蒙城入园后参加的第一个圣诞节聚会。

她俩上的幼儿园，设在一所公立小学教学楼的一角，其侧门隔一条走廊，与学校体育馆兼礼堂的多功能厅相连。

当我和丈夫推开多功能厅的门，大女儿一眼就看到了我俩，她一边穿过聚会的人群朝我们飞奔过来，一边兴奋地高声叫喊“爸爸，妈妈，圣诞老爷爷知道我的名字呢，他叫了我的名字，带给我一份礼物，看！是这本书！”我一边捧起她涨红的脸蛋儿，一边显出惊喜的神情说：“真的呀，圣诞老爷爷知道你的名字，送你礼物啦。”紧接着，二女儿也单手举着书跑过来说：“爸爸，妈妈，圣诞老爷爷也知道我的名字，我也有礼物！妈妈，我们班的小朋友都说他们家有圣诞树，咱家为什么没有呢？”还没等我回答，大女儿仰着头问：“咱家能有一棵圣诞树吗？”我和丈夫几乎同时说：“好啊，明天爸妈就带你们去买圣诞树。”

带孩子出门买圣诞树时，大雪纷飞，我们冒着鹅毛大雪，开车到购物中心，买了一棵多次使用的人造圣诞树。回到家，孩子们迫不及待的跟爸爸一起，把新买来的圣诞树支起来，端端正正地摆在了客厅。两个孩子兴奋地围着圣诞树边转圈儿边唱："O Christmas tree, O Christmas tree, your leaves are so unchanging."。眸子里闪着欢乐的光芒。

隔天，我送两个孩子去幼儿园。她们一进教室就激动地对班里的小朋友说："我家有圣诞树了！我家有圣诞树了！"小朋友们呼啦围上来，与她们抱作一团，又跳又叫地喊："你家也有圣诞树喽！你家也有圣诞树喽！"随后，小朋友们拉着她俩的手，走进活动区域。

看着他们手拉手的样子，我突然意识到，一棵圣诞树，拉近了女儿与当地小朋友的文化距离。

虽说蒙特利尔是一座多元文化城市，但九十年代初，我们居住的社区，以英法裔为主，孩子上的幼儿园里，只有她俩是亚裔。无论是我们那批留学生，还是早年定居蒙城的华侨，都有一种想融入主流社会的心态。更别说孩子们天生就有的被同龄人接纳、被认同，和不被抛弃的需求。圣诞树，成了她们融入朋友圈儿的载体，成了她们在节日里不缺失从天而降的圣诞老爷爷把礼物放树下的惊喜、心满意足，和心理有所归属的标志，成了她们想象力、诗情画意、载歌载舞、信赖和关爱的实体。

孩子们与我和丈夫团聚蒙城的当年，我报名上了 Vanier College 早期幼儿教育专业。自进入幼儿园实习，到毕业后正式当了幼儿教师，从 1993 年到 2008 年，我无论在公立幼儿园，还是在私立幼儿园工作，无论是英法裔园长，还是印度裔、黎巴嫩裔执行园长，每年圣诞节，我所工作过的幼儿园，都会把圣诞树摆放在前厅醒目的位置，把"Merry Christmas!"和

“Joyeux Noël!”的彩带环绕在圣诞树上，圣诞老爷爷会如期而至，叫着每一个小朋友的名字，为他们发送礼物。每年圣诞老爷爷出现在幼儿园里，都会引来孩子们的欢呼和歌唱，把欢庆圣诞节的气氛推向高潮。我以为，这样的情景会持续一年又一年。

可是我发现，从2011年起，我供职的公立幼儿园，就把圣诞树上的彩带换成了手写的mitten tree，树上挂满了一双双崭新的手套，树下的捐献箱正面，端正地写着：“All donated mittens will be delivered to Montreal Children's Hospital.（所有捐赠的手套都将送往蒙城儿童医院”）。许多人在圣诞节期间见面的问候语，也从“圣诞节快乐”改成了“节日快乐”！

我们大班每周都有一个专题讨论，在圣诞节前讨论圣诞节的来由和有关主题时，有相当数量的孩子举手告诉我：我家没有圣诞树，因为我们不庆祝圣诞节。有的孩子举手告诉我：我姐姐说，圣诞老人根本就不存在。看着这些跟我的双胞胎女儿刚移民时差不多大的孩子，我的脑海里如电影胶片一般，回放着这二十几年幼儿园孩子来源的变化：一个班，从以英法裔孩子为主，到变成一半世界各地的孩子，再到班里只有三五个英法裔孩子混合在世界各地的孩子当中。孩子们虽然依然说着英语和法语，但都不再有归属于英法文化的心态，他们都强调着各自族群的信仰和习惯。

我虽然不是基督徒，但年年在圣诞节期间，都会为班里的孩子做圣诞节主题讨论活动，和做相关的手工，以及教他们唱圣诞树歌曲。旨不在传播基督教，而是为孩子们提供一个发展其天生的神性、好奇心和想象力的环境。无论是作为幼儿教师，还是作为有移民背景的母亲，我觉得不应该人为地限制孩子的探索精神。

于是，面对那些举手的孩子，我微笑着说：你家没有圣诞树，没关系，你们不庆祝圣诞节，也没关系。因为这个世界上有很多种宗教，它们各自有自己的节日和庆祝方式。我选择移民到了一个庆祝圣诞节的国家，所以，我尊重这个节日。我家也有一棵圣诞树，彩灯挂在树上一闪一闪，好像树下的礼物也在发光。在我的心里，圣诞老爷爷是爱的化身，他永远存在于地球的各个角落，他送给我们的不仅仅是礼物，还有关心、爱护、包容、理解、感恩和尊重。

2017 年圣诞节，我们幼儿园前厅的圣诞树上，不再挂手写的 mitten tree 条幅，树梢上插了一个小小的圣诞老人立体像，圣诞树下堆满了各族裔家长捐献的衣物和书籍，捐献箱正面写着“All donations will be sent to Sun Youth.（所有捐献物品将赠送给太阳青年社）”。它是一家提供紧急服务和社区服务的注册慈善机构。

一晃二十五年过去了，我们的双胞胎女儿已经成为医生。她们在归属感中找到了自己的位置，在自信中确立了自己的人生目标。她们没有信奉任何宗教，却融合各教义的真善美，为各族裔的人群服务，做着即科学又理性的工作，也有自由随性的爱好，弹琴画画，游泳踢球，义务为小朋友讲圣诞老爷爷的故事。当年圣诞老爷爷带给她们的爱和惊喜，植根在心灵深处。现在，她们在圣诞节期间戴着圣诞老人的帽子，为孩子们发礼物，为父母和亲戚发礼物。

就算幼儿园庆祝圣诞节，在众多的移民族裔里，它也不再独尊，就算其他族裔的孩子强调着自己的宗教来到幼儿园，也欢快地迎接圣诞老爷爷，不再拒绝他发的礼物。我注意到，今年圣诞老爷爷来我们幼儿园时，一位年轻的信仰伊斯兰教的穆斯林男士，允许她四岁的女儿头戴圣诞鹿发卡，并拥抱圣诞老爷爷。

那一刻，孩子从圣诞老爷爷慈祥的眼睛里看到了爱。她拿着礼物站在圣诞树前，唱起了“O Christmas tree, O Christmas tree, your leaves are so unchanging.”这首圣诞树的歌。这歌声回响在我们幼儿园的各个角落，传唱在各族裔儿童的心中。

www.ingramcontent.com/pod-product-compliance
Lightning Source LLC
Chambersburg PA
CBHW031306120726
47906CB00003B/909

* 9 7 8 1 0 6 9 2 4 0 8 3 5 *